任继愈论文化与教育

任继愈 著

國家圖書館出版社

图书在版编目（CIP）数据

任继愈论文化与教育/任继愈著. --北京:国家图书馆出版社,2016.12
ISBN 978 - 7 - 5013 - 6005 - 5

Ⅰ.①任…　Ⅱ.①任…　Ⅲ.①任继愈(1916 - 2009)—文化思想—文集②任继愈(1916 - 2009)—教育思想—文集　Ⅳ.①G0 - 53②G40 - 092.7

中国版本图书馆 CIP 数据核字(2016)第 307334 号

责任编辑：王　雷　耿素丽

书名　任继愈论文化与教育
著者　任继愈　著

出版　国家图书馆出版社(100034　北京市西城区文津街 7 号)
　　　　(原书目文献出版社　北京图书馆出版社)
发行　010 - 66114536　66126153　66151313　66175620
　　　　66121706(传真)　66126156(门市部)
E-mail　nlcpress@ nlc. cn(邮购)
Website　www. nlcpress. com →投稿中心
经销　新华书店
印装　河北三河弘翰印务有限公司
版次　2016 年 12 月第 1 版　2016 年 12 月第 1 次印刷

开本　880 × 1230(毫米)　1/32
印张　5. 25
字数　114 千字

书号　ISBN 978 - 7 - 5013 - 6005 - 5
定价　20. 00 元

出版说明

　　任继愈先生是我国20世纪著名的哲学家、宗教学家和历史学家，是我国坚持运用马克思主义原理进行学术研究的优秀代表，中国马克思主义宗教学的开创者和奠基人，中国哲学、宗教学领域高瞻远瞩的学术研究领导者和优秀的学术活动组织者。任先生毕生致力于中华优秀文化的整理、研究、传播、发展，并以勤奋不懈的思考和身体力行的实践，为我们留下了丰赡的文化遗产。因此，梳理、总结任先生的理论与实践，不仅具有十分重要的学术价值，也具有十分重要的学术导向作用。

　　国家图书馆是任先生生前长期工作的地方。国家图书馆出版社作为国家图书馆下属的出版机构，编辑出版任先生的学术论著，使之嘉惠学林、泽被后世，既是一种使命，也是一种荣誉，更是全社员工的共同心愿。因此，我社于2013年相继推出两大系列——"任继愈著作系列""任继愈研究会丛书系列"。其中，"任继愈著作系列"出版了《魏晋南北朝佛教经学》《宗教学讲义》；"任继愈研究会丛书系列"出版了《任继愈的为人与为学》。

　　为将任先生一生的学术思想和研究成果进行系统整理和总结，为后人学习与研究任先生的思想提供系统性的学习参考资料，2014年我社出版了国家出版基金项目《任继愈文集》。《文集》收入任先生自20世纪40年代开始在各种期刊、报纸及内部刊物上发表的文章六百余篇,约四百万字,多为未刊稿,分为十册,涉及宗教、哲学、史学等领域。共分八编:第一编宗教学与科学无神论研究;第二编中国哲学史研究;第三编佛教研究;第四编儒教研究;第五编道教研究;第六编论古籍整理;第七编史学研究;第八编杂著。它是目前收录最全、文字最为可靠的任继愈先生的文集。它体大思精,充分体现了任继愈先生博大的思想和治学理念。

《任继愈文集》中收入的是任先生六十余载学术生涯的研究成果,是一部集大成之作。为方便使用、便于普及,我们从中按专题辑出四种:《任继愈论历史人物》《任继愈论儒佛道》《任继愈论文化与教育》《任继愈论古籍整理》,纳入"任继愈著作系列"。其中,《任继愈论历史人物》按历史人物生活的时代分为古代、近现代两部分,收入文章四十八篇,另有相关文章三篇作为附录收入其中;《任继愈论儒佛道》按内容划分为儒教、佛教、道教三部分,收入文章二十八篇;《任继愈论文化与教育》按内容划分为人文精神与道德建设、人才培养、传统文化与经典教育、北大与西南联大、文化交流、杂记六部分,收入文章四十六篇;《任继愈论古籍整理》按内容划分为古籍整理与保护、《中华大典》、《中华大藏经》、儒释道经典整理、其他古籍整理五部分,收入文章四十一篇。这四个专题从四个侧面展示了任先生对中华民族历史文化的深厚情怀与深刻反思的高度统一,高屋建瓴,便于读者阅读理解。

一代学术宗师任继愈先生留给后人的是一笔无比丰厚的精神财富和学术遗产,值得我们去慢慢回味、研究、发扬光大。它们不仅能够使当代人得到教诲和启迪,而且应该传扬于子孙后代。

国家图书馆出版社

2016 年 11 月

·传统文化与经典教育·

·北大与西南联大·

·文化交流·

·杂　记·

要提高全民族的民主意识①

　　我是搞历史的,先从国情说起。从秦汉一直到鸦片战争,一对主要矛盾就是政治上的高度集中和经济上的极度分散。什么时候小农经济得到正常发展,社会就安定,就是太平盛世。历史上的文景之治、贞观之治,就是用政权的高度统一保护极度分散的小农经济,使它得以发展的结果。小农经济自己的性格要统一而不要过多的干涉;政府则要求权力集中,这块土地相当于欧洲的面积,不集中,就会四分五裂。高度集中,当然要干涉。随着统治经验的成熟,加强统一的手段越来越多,从思想到制度,形成了一整套的统治术。秦汉到清朝,权力从集中在中央政府到集中于皇帝个人,臣民的地位越来越低。直到近代,民主革命时期,长期的小农经济占主导地位,封闭的分散割据的大大小小的地方势力遍布全国。我们的新民主主义革命就是沾了封闭的、自然经济的光。为什么农村包围城市可以取胜?就是因为有小农经济的支持。家长制传统是小农经济的产物,新中国成立以后,没有接着对农民进行共产主义教育,使他们懂得要自己解放自己。比如农民翻身分了田地,很高兴,佛龛里拿走了神佛的牌

---

　　① 原载《群言》1986 年第 11 期。

位,换上了毛主席像,这在当时一直作为积极的、正面的东西来宣传。真正的马克思主义政党要群众自己解放自己,不靠神仙皇帝。还有经济开放之后,许多人不会做生意,上人家的当,这都和小农经济不懂交换、没有成本核算的传统有关。

从社会发展看,我国历史上缺少资本主义这一阶段。不是一点没有,但发展很不完备。一是时间短,欧洲有四百年破除封建势力的历史,我国一百年还不到,而且资本主义发展得很不完备,一步跨入了社会主义。奴隶制社会,西方欧洲发展比较完备,而封建制社会我国发展得比较完备。从上到下,一系列专制制度都很精密,而且越来越完善。宋朝以后,再也没有人敢篡位,都不敢当曹操、司马懿。五四运动,天安门广场开大会,打倒曹汝霖卖国贼,有大幅标语写着:"卖国求荣,早知曹瞒遗种碑无字;倾心媚外,不期章惇余孽死有头。"北宋的章惇功过且不说,把曹汝霖卖国直接与曹操挂牵在一起,不能不说反封建革命斗争中,还留着封建正统思想的影响。

科学与民主非常重要。没有民主,光讲科学也白搭。现在出现了一些走回头路的议论,认为当前国外的乌七八糟的东西得以在社会上泛滥,都由于我们丢掉了传统的文化。我认为,用封建的文化抵不住资本主义的腐朽的文化,封建的文化比资本主义的文化落后了一个历史阶段。只有用社会主义的文化,才能抵得住资本主义腐朽文化。不能把封建的文化当成社会主义的来宣传。"文化大革命"就是把封建主义当作社会主义去推广。早请示,晚汇报,献忠心,喊万岁,以语录定罪,弄得几乎亡国。毛泽东同志负有责任,但这和全民族的民主意识太差、全民族的封建余毒太深、整个党和干部的认识水平的局限,都有关系。1959年,彭德怀的大冤案,如果当年庐山会议上有一半人不举手,不响应,不参加围攻,彭老总的下场会好得多。

现在我们整个民族的民主意识还很不够，很多人还不会运用自己手中的权力。各级人民代表大会代表们的任务本应是审议各级政府的工作，可很多代表不大会使用代表的权利。

我们的革命沾了封建主义的光，但成功之后，没有继续前进，立刻去消灭那些妨碍现代化的旧东西，因而当初沾过光的因素，今天反而成了前进的阻力。比如小农经济造成的小农意识、家长式的作风，等等。现在大学的哲学课，只讲条条，没有发展，缺乏分析和研究。马列主义的条文被看死了，马列主义就会失去科学性，变得僵化，没有生命力。

大家都说现在是最好的时期之一，我认为不是"之一"，而是最好的时期。《群言》的任务在于为我国社会主义民主尽力，民主就是要七嘴八舌，大家讲话。相信在大家的努力下，民主空气浓郁，我们的国家会有转机，会走向现代化。

农村富裕以后的喜与忧①

　　我在城市生活了几十年,在新年来临之际,却不由自主地想起了农村。我自幼生长在鲁西北的农村,农村大片盐碱涝洼地的荒凉景象给我留下了很深的印象。在北京读中学、大学,有时到郊外走走,北京郊区的荒凉景象、农民衣衫褴褛的情形也给我留下深刻的印象。旧中国北方农村给人留下的印象是荒寒、萧瑟。

　　大学的最后一年,七七事变,北京大学南迁,先到长沙,又由长沙迁到昆明。由湖南迁往云南,师生分作两路,大部分师生经香港、河内转昆明。少数师生(共约三百人)步行去云南(教授中有闻一多、李继侗等先生),我参加了步行的一路。师生们共走了一千六百多公里,亲眼看到湘西、贵州省、云南省最落后的农村。南方农村的贫困和北方一样,只是比北方农村多遭受鸦片烟的毒害。但就是这千千万万的农民,在贫病交困的环境下,支撑着抗日战争的伟大事业,默默地奉献出一切,挽救了祖国的危亡。这种感受是书本上没有写过的。我是多么盼望农民有一天能够摆脱被压在最底层的命运,从贫困中解放出来! 新中国成立后,我有机会去农村参加土地改革,以及后来农村的改革和建设活动。农民的贫困处境有所改善,他们的精神状态和旧中国的农民大不相同,有了主人翁气概和神态。这种感

----

① 原载《群言》1992 年第 1 期。

4

受也是书本上没有写过的。

自从党的十一届三中全会以来,农村发生了又一次显著变化,很多地方农村变富了。我也利用一切机会到农村看看,到过北京的边远郊区、山东半岛、鲁西北的黄河故道、江南的农村,总的印象是农村变富了。农民也有了城市居民拥有的高档家具、耐用消费品、住宅建筑、室内装修,有的达到豪华的程度。衣着服饰与大城市居民没有两样。看到这些明显变化,心里自然高兴。丰衣足食,是农民几千年来的愿望,今天实现了!虽然还有少数地区尚未摆脱贫困,但境况也在改善中。

我之所以关心农村,关心农民,与我研究中国哲学史的专业大有关系。因为从农民的处境、农民的思想面貌,可以看到中华民族的处境和思想面貌。所谓民族性、国民性,都不能脱离农民这个广大群体。

农民当家做主,摆脱了贫困,走向富裕之路,是天大的好事。欣喜之余,又似乎感到某些不足。仔细想想,农村的富足主要表现在吃、穿、用等物质生活方面,农民的精神生活似乎还不富裕,也可以说还没有摆脱贫困。农民家里、客厅里的陈设有的很讲究,有的很豪华,但他们的家里却缺少书籍、报纸、杂志。有上中小学的学生家庭当然有教科书,却只有很少的家庭有供成年人阅读的文学的、科学的书籍和杂志。全家唯一的精神营养来自电视播放的节目。我国电视节目偏重娱乐,音乐、舞蹈、戏剧、曲艺占了绝大多数播放时间,节目内容多为城市一般市民而设,专为广大农村青少年准备的节目太少。十一亿人口中,农民占九亿。九亿农民要有适合他们的节目。当前电视台为了增加收入,便多播送广告,广告偏重在美食、化妆、介绍港台一些不健康的音乐节目。这些节目内容不但不利于农村的社会主义建设,有的还有消极作用。

摆在农民面前的现实是:丰富的物质生活与贫困的精神生活长期并存。这一对矛盾放在那里不管它,好像无关国计民生的大局;若从长远看,这又是一个值得忧虑的大问题。九亿农民的精神食粮不应任它长期匮乏下去,等到有了问题再来补救也许太迟了。富裕农民由于精神生活欠充实,文化科学知识不足,封建迷信、赌博、修祖坟、看风水等等不健康的陋习已经冒头。有钱还要会花钱,值得引起注意。

谈谈文化建设与道德发展①

　　道德不是从来就有的,它是人类社会发展到一定阶段才会产生的社会意识形态。人类的生存和发展是靠了群体的力量,单凭一个孤立的个体,在严酷的自然条件下,无法战胜外来的各种侵害。在群体生活中,自然形成了社会习俗。为了种族的繁衍,为了群体的发展,逐渐形成了许多规定和禁忌。习惯性地约定哪些行为可以做,哪些不可以做。比如婚姻问题,族内杂交是当初的群婚习俗,不存在道德问题。在群婚条件下,发现长期近亲繁殖,对种群不利,这才规定了部落内部不许婚配。近亲不婚也还不是出于道德问题的考虑。后来,随着社会进步,才有了近亲不婚的理论,就是古人所谓"礼"。"礼"是对已发生的事实,在理论上做出了近亲不婚的解释。社会发展总是行为在先,理论在后,形成系统的理论更晚一些。

　　人类在地球上占主要地位,主要由于人类善于处理个体与群体的关系。这点我们从人类文化发展史上可以清楚地看到。人的社会关系十分复杂,主要的关系是个体与群体的关系。个体与群体的协调关系就是"道德"的范围。处理个体与群体关系的总原则是使个体的生存发展适应群体的生存发展,而不是相反。因为削弱了群体,个体也无法发展,甚至无法存在。所以每一个社会成员不能只为个人

打算,而要对整个社会群体有所奉献。旧的社会学和马克思主义社会学都企图解决这个问题,虽然理论各有不同说法,归根结底是关于个人与群体关系的学问,古人称为"义利之辨"。"义"一般指符合群体利益的思想言行,"利"一般指符合个人利益的思想言行。摆正义和利的关系,即符合道德规范。人们根据自觉的判断,采取行动,有选择的自由。但一定的社会中存在的道德规范,不能自由选择,只能遵循。只有自觉地、全面地、深刻地认识这种关系,道德才能逐步趋于完善,以道德教育人民,社会才能更健康地往前发展,社会文化也才能进步。

今天,随着社会主义文化事业的不断发展,道德问题被提到议事日程上来,主要的原因就是今天的中国面临着一个改革开放的时代。历史上,每一次大规模的社会变革时期,道德都是先受冲击的一个部门。商品经济发展以后,出现了新的道德问题。例如中国传统的"孝"的观念,就与小农经济的生产方式有直接的关系。一个家庭的主要男劳动力维持着整个家庭的生活,养老育儿,他拥有生产权和财产分配权。经济关系决定了非有家长制不可。"孝"的观念在中国如此之深,就是由于小农经济社会维持的时间相当长。直到鸦片战争时还是这个格局。当小农经济的社会发生变化,就相应地出现了新的道德问题。随着社会交往不断扩大,社会分工不断发展,个人自食其力,原有的家庭成员之间的关系自然就会有所疏远。现代社会"孝"的观念的淡薄与人的生活方式与社会变革有关系。养育老人,抚育幼小,过去完全由家庭承担,今天有一部分责任转移到社会保险承担。社会变革只能是向前发展,不会倒退回去,所以不能简单地说"现在人心变坏了"。

在不同的历史和文化阶段,因为有不同的社会需要,也就会有不同的道德规范。中国封建社会关于君臣、父子、夫妻关系的传统道德规范"三纲",对于维持小农经济为基础的封建社会是必需的,在当时的历史条件下对于维护社会的稳定、发展生产,是有一定历史进步作用的。但在进入新的历史时期后,原有的封建主义道德规范就会成为社会进步的阻力。"文化大革命"的教训,就是以小农经济中的家长制代替社会主义的民主制来执行。社会主义时期,应该有社会主义新的道德规范。

要有效地普遍提高道德水准和国民的整体素质,从根本上讲在于文化教育的普及。教育是立国之本,教育水平上不去,其他一切都无从谈起。科技要靠教育,经济要靠教育,道德、法制观念的普及也要靠教育。愚昧的民族谈不上有什么道德问题。现在世界上有些原始民族的语言中,有大小、长短、好坏等名词,但没有仁义、道德等名词,没有这个词就是没有这种观念。衡量一个人的行为是否符合道德精神,要看他是否有道德观念并且自觉地遵守,否则即使做了,其道德价值也不大。过去有人向往夜不闭户、路不拾遗的上古三代,事实上是无法再现的。在当今物质文明、精神文明相当发展的社会中,我们应该普及教育,在广大人民群众文化水平普遍提高的基础上,反复进行道德教育,自幼灌输道德观念,养成一种自觉的道德习惯,而不是靠强迫。爱国主义、集体主义教育都是道德教育中很重要的内容。这些都要靠文化教育来提高认识水平,要靠平时长时间的培养、训练,不是能一蹴而就的。

中国是世界上几个文明古国之一,她拥有五千年以上的辉煌灿烂的古代文化传统。这笔极其宝贵的文化遗产,内容是很丰富的。儒、佛、道三教是中华传统文化的主要载体。以前人们看到《论语》为历代儒生诵习,便以为儒家孔子影响中国文化几千年。中华文明固然多得力于孔子,但光讲孔子是不够的。比如,在讲到人类群体生活与自然环境的关系时,孔子讲得少,老、庄反倒讲得多些。他们认为,人类取之自然应该有个尺度,掠夺性地征服自然不行,既要发展自己,又不能损害自然。再如舍生取义、吃苦耐劳等道德,墨子讲得比较多,老、庄讲得少。这些都是我们宝贵的文化财富,是中国传统文化、道德的精华,应该努力吸取,同时要抛弃其中封建性的糟粕。

在继承、弘扬中国传统道德文化的过程中,也要注意对外来优秀的道德文化观念加以鉴别和吸收。中国古代汉、唐两代号称盛世,就是中华民族先后开通陆上和海上丝绸之路,在与外来文化的交流中择善而从,充实、发展了自己。古代发生社会影响的佛教典籍,都是经过中国学者注释改造的。现在我国正处在改革开放的新时代,中外往来更广泛、更频繁,视野广阔,超过历史上任何时代,不但有经济交流,还有深层次的文化交流。外国道德传统中有些好的东西值得我们学习,比如公平竞争的观念、进取精神、不吃祖宗饭,等等,这些方面,西方讲得多些,我们东方讲得少些。中华民族历来有善于交流、融合外来文化的传统,现在对于西方的道德文化也应如此。

在改革开放的新时代,我们宣传、继承、弘扬中国传统道德文化,就是要在继承旧传统中注入新的内容。中国传统道德文化与时代步伐相配合,不断发展变化,所以中国优秀的传统道德文化既古老,又年轻,上接几千年的传统,又有强大的生命力,永远进步而不会停滞,我们正满怀信心地继承过去的优良传统,创建未来的新文化。

精神文明建设的长期性和紧迫性①

　　社会的发展靠的是生产力。革命的目的是解放生产力。"发展是硬道理"是真理。生产发展的质量和效率靠劳动者的主动性、积极性。精神文明建设的作用、力量及影响确实存在着,并随时随地支配着人们思想深处的一切活动。我国能调动起广大群众的劳动积极性,每人在自己的工作岗位上主动、积极、热心参与,群众力量集中起来,就能移山填海,什么困难都能克服,什么奇迹也能创造出来。

　　思想文化有以下三个特点:(1)超前性——科学的先进思想,有超前性;(2)滞后性——落后的、反科学的思想有滞后性;(3)长期性———一种新思潮的成长,必经一定过程。针对这些特点,我们进行精神文明建设,要有长期准备,长期投入,最后收到长期效果。

　　建设社会主义精神文明需要大量合格人才,教育是培养人才的唯一途径,没有捷径。教育的目的在于全面提高人的素质。全体人民的素质提高了,社会主义中国必将立于不败之地。

　　教育分为基础教育和高等教育。

　　基础教育是育人之学,其规律是渐进有序,因材施教,中外古今都无例外。每一个现代国家公民都必须接受基础教育,它是受教育者的权利,又是各级政府的义务。受过基础教育是现代国家公民必

---

① 　原载《求是》1997 年第 20 期。

11

备的资格,要在三方面打下基础:(1)语文训练——正确运用母语(或称第一语言),能说,能写,文盲不能建设现代化;(2)品格训练——正确处理公私关系,正确处理个人与群体、政党、国家的关系;(3)科学训练——具有一般现代科学知识和操作技能。对中国青少年来说,还要增加一条,即历史基础知识。中华民族有五千年连绵不断的文明史,世界上独一无二。中华民族多灾多难,内忧外患,天灾人祸,锻炼了这个伟大民族,每一次都是靠自己的力量跨过难关又继续前进的。十五大号召认清中国的国情,当前的社会主义初级阶段是国情,过去的历史也是国情。了解中国的历史及现状,对国情会有更深的认识,爱国主义对青少年是必不可少的教育。

多年来,我国高等教育基本上是在低层次上徘徊。我国的大学生拔尖人才与总人数相比,比例偏低。十五大报告指出:培养同现代化要求相适应的数以亿计高素质的劳动者和数以千万计的专门人才,发挥我国人力资源的优势,关系21世纪社会主义事业的全局。高等院校应当在这方面做出贡献。

现在的大学校长主要精力用于筹措经费。当前世界学术发展一日千里,全力以赴还怕赶不上,如果主要力量不用于办学,与世界先进水平差距越拉越大,前途堪虞。

中国自然资源,如水资源、耕地资源很贫乏,矿产资源除了煤以外,用十二亿人口一平均,并不丰富。如果换一个角度来认识中国人口众多这一国情,中国十二亿人的智力开发利用起来也是一种资源,不但不贫乏,而且越开发越多。岛国日本自然资源很贫乏,但智力资源开发得比较充分,不但没陷于贫困,还上升到富裕国家行列。中国人力几乎十倍于日本,我们坚信如果把十二亿人的智力资源开发出来,这份财富不可估量。

培养人才是立国之本,人才成长不能速成。古人说"百年树人",就是这个道理。鸦片战争以后,中国人民寻找救国救民的真理,经历了一百多年。正如十五大报告所指出的,我们已经找到了正确的发展道路,但达到中等发达国家水平还要靠继续艰苦努力。正因为它具有长期性,更要争分夺秒。如果没有急迫感,我们这一代人将成为民族的罪人。

辨公私关系①

　　自从人类脱离动物界以来,就过着自觉的社会生活。动物界也有社会生活,如蚂蚁、蜜蜂、猿猴类,但它们与人的区别在于人自觉地过着社会生活,动物是本能地过着社会生活。自觉不自觉,这很重要。自觉的社会生活,不断使人进步;不自觉的社会生活,千古不变。几千年前的蜜蜂、蚂蚁和今天的蜜蜂、蚂蚁的生活看不出有什么改进和变化。人类社会却不同,自从人类社会出现直到现在,社会物质生活不断改进,文明也逐渐进步,特别是近一二年,人类的发明创造超过人类出现以来发明创造的总和。

　　人类在社会中的活动,始终遵循着一个基本原则——对自己所在的社会群体有所索取,同时也有所奉献。光索取不奉献,社会生产枯竭,社会就不会维持。只能一方面从社会群体中取得自己的份额,同时又对社会奉献出自己的份额。算一算总账,一个社会的成员对社会的奉献大于索取,社会就发展、繁荣。回顾人类社会发展的历史,正是由于奉献的总和大于索取的总和,社会才会取得今天的成就。

　　社会中每一个成员的能力有大小,体力有强弱,智力有高下,只要在自己能力所能达到的范围内各尽所能地有所奉献,社会就可以

---

　　① 据《竹影集》,原载《做人与处世》2000 年第 3 期,题为《做人的原则》。

从中得到动力。大家都要正确对待公与私的关系。"私",对生活成员来说是必要的,是个人的生活需要。生活爱好却因人而异,这种"私"是不可少的;同时不允许损公以肥私,应当先公后私。远古时代国家尚未出现时,没有法律,人们根据生活经验对待公私关系,用风俗习惯来约束公私关系。后来形成道德规范,大家用道德规范来指导人们的行为。传说中,所谓古代的圣人,都是为大家谋福利的英雄人物,他们把自己的精力、才干用来为大众谋福利。人们拥戴他们,他们便成为后人崇拜的伟大人物。古代大禹治水的传说广泛流传,因为他为人民排除洪水灾害,人们永远纪念他,世代相传,禹成为中华民族几千年来共同尊敬的圣人。

人类社会进步到今天,社会制度、法律规定比古代完备得多。但今天社会所提倡、法律所禁止的,说到底,还是关于如何对待公私关系的问题。社会鼓励先公后私的,限制先私后公的,制裁损公肥私的。

先公后私,不损公肥私,是做人的起码原则,也是做人的最终原则。日常生活,小自上街购物、出门坐公共汽车,大到对待国家大事、保卫国家,都离不开这个简单的原则。从三岁儿童上幼儿园起,学习礼让,到八九十岁的老年人,都离不开这个原则。这个原则最简单、最普遍、放之四海而皆准。大家照此原则去做人,我们的社会就会安定、团结、进步,我们的民族素质就会提高。社会每一个成员也会不断获得充实丰富的生活乐趣。

科教兴国　千年大计①

　　处在千年之交,回顾一千年前,中国正当宋朝真宗咸平二年(999)。当时中国文化、科技处于世界领先地位,印刷术与先进的造纸术相结合,发展了出版业,火药用于武器,指南针用于航海,中国文化对世界做出了贡献。

　　此后一千年的前一半,中国还处在领先地位;到了后一半,16 世纪以后,逐渐呈现滑坡趋势。只是祖宗遗产丰厚,即使败落,也还能支撑一阵子。到了最近二百五十多年前,中国乾隆皇帝接见英国使臣马戛尔尼时还是以天朝自居;最近一百五十多年前,与外国侵略势力面对面地发生冲突,才呈现出明显的劣势。千年间的兴衰,一言难尽,国家兴衰的总根源系于科教的兴衰。

　　20 世纪,中国被迫从闭关自守的状况卷进世界大潮,经历了一百五十多年的奋斗,取得独立、自主的地位,由贫弱走向富强,引起全世界的瞩目,也受到应有的尊重。21 世纪是沿袭 20 世纪的道路走过来的。20 世纪的后半段,科技发展日新月异,年年有新发明、新创造。西方大国多年科教兴国的业绩收到效果。科学落后,必然挨打,受制于人。中华民族要想跻身于世界民族之林而不被淘汰,只有紧抓科教兴国这个大纲不放,坚持下去,我们就会取得更大的成就。目前已

---

　　①　原载《中国文化研究》2000 年春之卷(总第 27 期)。

取得的辉煌成就不过是万里长征的开始。

20 世纪，列强争夺的是土地、自然资源，21 世纪，列强争夺的目标除了以上的资源以外，还增加了一项人才资源。人才资源与天然资源不同，它是开发不尽的，越开发越兴旺。我国近百年来的经验，也证明了这一点。有了现代化建设人才，才能有现代化建设的成就。

我国有十二亿人口，从消费的标准看是一种负担；如果把科教兴国这个方针贯彻下去，肯花力气，这十二亿人口的智力发挥出来，将是无比的财富。我们的综合国力将永远立于不败之地。

我们有爱好和平、与人为善的传统。中国的强大，必将成为安定世界、造福人类的积极因素。

看准了的事情就要下决心干下去，科教兴国是百年大计。像中国这样的多民族的统一大国，十二亿人口的聪明才智用在正道上，造福于人类，对世界做出新贡献，我们有能力做到。

中国前程远大，但须共同努力。

维护人权 发展人权^①

今年,我国批准了《经济、社会及文化权利国际公约》,引起全国人民关注。

人权学说的提出,是社会从中世纪进入近代的一个标志。它的历史在西方并不长,在中国就更短。从"五四"算起,还不到一百年。中国人民接受西方人权学说虽迟,但中国人民对人权问题的认识和切身感受却是深刻的,甚至是刻骨铭心的。

人权学说是欧洲的新兴资产阶级还处在幼弱时期,为了自身的利益,针对中世纪教权、王权占绝对统治地位,抹杀个人权力而提出的战斗口号,起着推动社会前进,反抗不合理、独断专制的作用。因此,几百年来,逐渐取得全世界人民的认同。

人权最初的提出,是处在弱势的资产阶级尚未掌权的时期,他们以"人权"口号向已掌权的教权、王权挑战。今天,人权观念已广泛流行,深入人心。人权成为正义、公正的象征概念。弱小国家、弱小民族与经济强国、霸权大国都高举人权旗帜,但理解并不相同,有时甚至得出完全相反的结论。

因为文化、经济是一定社会的人类活动的成果。世界上的国家发展不平衡,有的进步快,达到高度发展的程度,有的发展慢,正处在

---

① 原载《人民日报》2001 年 3 月 30 日,题为《真心实意维护人权》。

18

发展中。他们所要解决的经济问题、文化问题,各不相同。富国大国早已解决了吃饭问题、教育问题,他们把选举投票看作人权的头等大事。他们用自己的人权尺度去衡量世界上所有的国家,自封为"人权警察","人权"用作干涉弱国主权的借口。同时,弱小国家有的刚从侵略者手下独立出来,有的还承受着许多无理制裁。在同一个人权口号下,居然有截然不同的理解。理解不同,要互相沟通;价值观不同,应允许平等讨论。

争取人权,在欧洲有四五百年的光荣历史,在中国也有近百年的历史。人权得来不易,我们应维护它的尊严,百倍珍惜它、发展它,不要玷污它。

对中国人民来说,人权观念输入虽晚,但中国人民对人权最有发言权,中国广大人民对什么是人权理解最深,甚至可以说有刻骨铭心的体会。为了争取人权,为了争取民族的生存权,国家不被凌辱,我们曾牺牲了千千万万英雄儿女。我们曾经遭受了人类很少遇到的劫难。中国人民对已经取得的人权当然知道珍惜、养护。

我们民族受过饥饿之苦,我们才把生存权看作最基本的人权。我国受过强国无端欺凌,我们才认为国家主权不可侵犯。对发展中国家来说,国家主权如果不能保持,个人的生存权也无法保证。也就是说,生存权与国家主权血肉相连,不能割裂。假借实现人权以侵犯别国主权,毫无道理。

我们要真心实意维护人权,高举人权大旗,使这面引导人们进步的旗帜不倒。同时也要团结全世界各国人民维护正当的人权,普及人权宣传。还要揭露人权贩子叫卖的假人权,使假冒伪劣的人权学说在国际人权论坛无藏身之地。

弘扬人文精神　为人类做贡献①

　　人类属于自然界的一部分。人类要适应生存环境,同时也改变了自然环境。比如,人类发明制造工具的同时,改变了山石的面貌;发明用火,改变了森林的原貌;发明耕种技术,改变了草原的自然生态。在人类总结他们的经验时,认识到征服自然的能力。

　　随着生产实践、社会实践、科学实践的进步,人类觉得向自然界索取得越多,对人类的生活改善越多。

　　20 世纪以来,自然科学有了飞速的进展,人类认识到对自然既有利用,又有改造,认为对自然改造得越多,对自己的依赖逐渐减弱。这一观念发展到极致,有人设想,地球资源用完了,不必过虑,可以搬到其他星球上去。

　　这只是不切实际的幻想,而且是一种危及人类生存的妄想。人类与自然之间是互相依存、共生共荣的关系,而不是一方必须吃掉对方的对立关系。古人说的"天人合一"早已指出人与自然有着内在的关系。由于人类对自然界的认识研究用力较多,成果也较丰富,不免引起上述的错觉。近来,人类遭遇频繁的自然灾害,如酸雨、土地荒漠化、水质污染、疯牛病、艾滋病、各种化学污染造成的职业病和温室效应……凡此种种,都是人类在给自己挖掘坟墓。

---

　　①　本文系作者为中国青年出版社出版的《人文科学通识教育丛书》所写的序的一部分。原载《光明日报》2004 年 7 月 6 日。

　　推测根源，即在于自然科学发展较快，而人文科学、社会科学进展迟缓，远远落后于自然科学，于是造成了人类认识的畸形病态，出现了两种学科跛足现象。

　　科学是一个整体。科学知识有其完整的体系。近现代，为了研究方便，人们把研究的对象划分为不同领域，分别研究。而自然界现象是综合出现、交互影响的。比如，近代医学把人的生理结构分成循环系统、呼吸系统、神经系统、消化系统等，都是为了便于观察。而人类发生的病症，单独出现时少，并发症比单一症状出现的频率更高。如高血压与心脏有关，与情绪波动、消化、气候变化以及环保、日常饮食也有关系。

　　人文精神，不只是人们日常生活不可缺少的要素，即使对自然界、人文素养深厚的民族，也无处不在。面对浩瀚的大海，我说它深阔博大，对高山，说它高峻雄伟，其实，对海的定性，只是面积和深度，对山的定性，只是高度和面积。博大、雄伟，是人们赋予山和海的人文因素。风，有暴风、和风；雨，有喜雨、凄雨；日，有烈日、煦日，这些自然物并不具备暴、和、喜、凄、烈、煦等人文属性。在文化素养浓厚的民族中，才赋予其人文属性。没有生命的自然物活起来了。据社会人类学调查，在文化素质不高的民族部落的眼里的自然物，就没有人文属性。

　　古人称天、地、人为"三才"，认为这三者（即人与自然）有不可分割的关系。在科学昌明的今天，人们应当深入认识这一问题的重要性。

　　凭借科技手段可以增产，对产品却不懂得合理分配。武力暴力可以征服弱者，却得不到钦敬。有权势强制的婚姻，却得不到真正的爱情。拥有足以毁灭地球的核设施，却保证不了和平。富有可以换取方便安逸,却换取不到幸福。种种力不从心的现象,根源都出在人文科学与自然科学畸轻畸重引发的跛足病象。这一跛足病象,已弥漫于全世界,发达国家尤其严重。中国古代几千年传统文化(哲学、文学、史学)中含有丰富、亟待开发的遗产。如能取精用宏,人文传统正可对治当今世界轻视人文、不懂人文的流行病,既可作为建设中国特色社会主义的新文化,也算我们中华民族对全世界六十亿人口的一份贡献。

人文科学,是关于人类的全面认识的学问。人生的目的是什么,在这个世界上,人与人的关系如何对待,人生观、价值观,这些领域的知识,我们的认识比起两三千年前的古人进展不大。孔子、老子时代的生产方式、生活条件与今天相差极大,而人生观、世界观、教育观,今人比古人相差不太远,有些方面还看不出现代人比古人进步了多少。

古人说"观乎人文以化成天下",这里已经提出人文教育关系到天下的治乱安危。这是古人的卓识,但古人只看到少数圣人在"观乎人文以化成天下"方面的特殊功能,认为只有"圣人"有能力、有责任来"化成天下"。我们现代人,不能等待"圣人"出来"化成天下",而是"不靠神仙皇帝全靠我们自己"。自己造成的危害,只能靠自己来解决。具体到我们的当前人文科学的任务,就是要落实到文学、史学、哲学等方面。因为史学给人们以具体的借鉴;文学给人们以有血有肉的形象显示,升华感情,美化人生;哲学给人们正确的人生观、世界观、价值观,使人具有与时俱进的发展观、统筹全局的全局观,使人摆脱愚昧,变得聪明。

基于对当前人文状况的关注不够,中国青年出版社推出了这套《人文科学通识教育丛书》。本套丛书是人文科学的普及性读物,是由人文科学各领域的知名专家学者分别著述,属"大家编小书"的一种尝试。其重点不在学科性,而在人文精神之弘扬,以使人文学者以通俗的方式推广他们的最新成果的同时给社会以思想的滋养。考虑到本套丛书的读者对象为高中及高中以上的青年学生,故在编写过程中突出通俗性、启发性、引导性、深刻性和开放性。又因为人文科学的特点所决定,即使是通俗性读物,也必然有学术性探讨的特征。因此本套丛书力图立足于学术前沿,占领思想的制高点,才能高屋建瓴,更能有效地发挥启发和引导的功能。

人类患了"知识结构跛足病"①

一

人类是聪明的，号称万物之灵，但人类做出的蠢事也居万物之首。

从 20 世纪的后期起，世界已进入经济一体化。经济生活几乎不受国界、地区的限制。在世界上一个局部发生了经济危机，很快波及全世界。这种情况，在一两百年以前是不存在的。现在，在全球各地旅行的人都会发现，每一个大的城市百货商店里陈列的日用商品，均来自世界许多国家的工厂制造。结构复杂些的工业产品，如飞机、汽车、船只，它的零部件，都不是出自一个国家和地区的，只是最后由一个工厂总成。这种现象说明生活细节中反映经济的一体化。

现代人正生活在一个充满了矛盾、困惑的世界。表现在诸多方面，仅列举几种现象来加以剖析。

"巧于制作（包括创造），拙于使用"。20 世纪的后半期，工业技术有了空前的发展，人类以现有的手段，自称没有制造不出来的东

---

① 原载《北京日报》2005 年 1 月 24 日。

24

西。中国古人称赞手艺高明的技术为"巧夺天工",今天已不成问题。地球由星云演化,要有若干亿年才形成今天的面貌。有人宣称,用原子能弹头,可以在几分钟内毁灭地球好几次。难道一次还不够吗?

人能通过转基因制造新物种,连"上帝"也造不出的疯牛病、工业酸雨等,这些人造新产品漫不经心地出自今天的人类之手。

人亲手造出的产品有时使人类对它无法处理,像某些大国,拥有大量的原子武器,存在武器库,却不知如何使用,不能确定向什么地方投掷。虽然拥有它,却又难以驾驭它,还唯恐别国仿制,科技先进的结果反倒成为负担。

"巧于生产,拙于分配",也是现代人遇到的新的矛盾。以粮食为例,一方面粮食积压在仓库,陈旧变质,同时又有大批饥民,每年因营养不良死亡的儿童几十万上百万。一方面有能力制造出大量的纺织品,与此同时出现成千上万没有衣服穿的贫困人口,有的整个部族还过着赤身裸体的原始生活。

"物质产品极端丰富,精神生活相对贫乏",这又是一对矛盾。信息交流空前发达,而心灵隔阂不断加深。由于隔阂,引起误解、敌对、仇恨,甚至导致流血战争,导致死亡的人数不断增加。自然死亡,是生物规律,应无遗憾;非正常死亡,却大大高于正常死亡。这一反常现象,见得多了,习以为常,反倒让人见怪不怪了。医学发达,从肢体移植到内脏移植,存活率逐年提高,几十个专家,费去若干日日夜夜挽救一个生命,手术高明令人叹为奇迹;另一方面,一颗仇恨的炸弹一分钟内毁灭了成百上千无辜生命。人类是聪明的,号称万物之灵,但人类做出的蠢事也居万物之首。

二

人类自从社会化以后，在不断改变着整个地球，也改变着人类自身。

回溯人类从动物进化成人，首先的标志是从自然人、生物人，进步为社会人。这是一个质的飞跃。昆虫（如蜜蜂、蚂蚁等）也有社会性，但它们的社会性是不自觉的，是本能的，所以只是重复地延续，而没有发展。千万年前的蜜蜂、蚂蚁与今天的蜜蜂、蚂蚁几乎没有什么两样。而人类自从社会化以后，却在不断改变着整个地球，也改变着人类自身。人类的势力不断扩张，挤占了其他物种的生存空间，物种逐渐减少、灭绝。自然界被掠夺，其他物种生存环境被人类挤占，应该是重要原因。

亚洲和欧洲人类这三千年来发展的重要标志是他们的宗教和哲学。人类文明起源于宗教，宗教为知识之母，是事实。人类有了宗教，是人类发现自我的第一步。宗教开始接触到人与自然、人与人、现实已知世界与未知世界是什么关系，古今宗教学者都有过认真的探索与解答。

三

"知识结构跛足病"是弥漫世界的常见病、多发病。

面对 21 世纪全人类共同感受的困惑，东方西方有识之士都提出了种种构想,试图走出困境。最终发现困境是人类自己制造的,是人类前进中不幸的遭遇。

人类生存在地球上,必须正确看待自己赖以生活的环境,既要改变利用它,又要适应它。遗憾的是迄今为止,人类的智力主要用于开发自然,为改变世界投入全部精力。近现代一些科技新成就,都属于改变自然的一些成果。至于如何认识人类自己,如何适应自然则注意不够,甚至完全忽视。我们人类自以为无所不能,却没有估量一下自己的智慧和能力究竟有多大!

人们所遇到的困惑,是由于未能正确认识自己,没有认真反思,一味向外追求的后果。难题是自己出的,只能由自己解答。中国大史学家司马迁说过,他撰写《史记》的目的是"究天人之际,通古今之变"。这里提出的"天"包括自然界,也包括自己以外的一切存在,如关于神的信仰等。如何正确处理人与天的关系(之际)是司马迁两千多年前提出的一项课题,今天还是一个有待进一步探究的古老课题。宗教就是探究"天人之际"这个广阔领域的学问。

两千多年前的庄子,早已指出观察客观的"天"要有全局观点,要清醒地防止人类认识的局限性、片面性。他提醒人们,观察任何事物,不能光从一个角度着眼,从而减少失误。如果只看到向自然索取之利,不见索取之害;只看到战争之利,而忘了战争之害,是极大的错误。他列举了多角度观察方法,提出"以道观之""以物观之""以俗观之""以差观之""以功观之""以趣观之"等易位观察法。这种多角度的易位观察法,提出来两千多年了,今天看来,并没有失去它的新鲜感。我们今天有些人,还远远没有达到庄子的思维深度,这不能不使人认真反思。困惑的病根在哪里?就在于对外界注意多,对人类自己的能力认识得少。人类患了"知识结构跛足病"。科技这一条腿太长,而人文科学这一条腿太短。

当务之急,不是把科学这条腿截短,既然已长起来,不可能截短,而是尽快地对那一条短腿增加锻炼,使它加快增长,改善几百年长期跛行的困境。这种知识结构偏瘫症,不是一国、一个地区的偶发现象,而是弥漫世界的常见病、多发病。只有充分发挥人类的积极性,群策群力,持之以恒,才可以有所改善。几百年积累下来的宿疾,并非一朝一夕可以治愈。一旦奏效,这将是可以影响千百年、造福亿万人的事业。

争当第一流的人才①

怀着异常喜悦的心情读了不少应征的好文章。"言为心声",它反映了我国青年一代闪光的思想。在为祖国"四化"奋斗的道路上,新一代的青年表现出朝气蓬勃的上进心,他们思想解放,敢于突破旧框框的豪迈气概实在可喜。青年们和全国人民一道,同遭十年浩劫,他们经受的创伤和挫折是深重的,但在党的正确路线领导下,经过拨乱反正,在挫折中吸取经验教训,青年一代更加增长了才干,更成熟了。他们没有埋怨"生不逢辰",而是以乐观的态度关心着祖国的前途、人类的命运。

人们常说社会上有三百六十行,细分起来又何止三万六千行?每一行业中都有青年在发挥着巨大作用。有的正在茁壮成长,有的已成了骨干。希望青年们在自己的岗位上(无论是工、农、商、学、兵)做出第一流的成绩,成为第一流的人才。如果有人号召大家都争当冠军,这种精神当然值得肯定,但是每个人都要做冠军,却是不可能的,因为冠军只有一个。进入第一流则是完全可能的,人才可以成批涌现,也可以大批涌现。好比名厂的产品,全部产品都已达到一级

---

① 原载《中国青年报》1981 年 3 月 17 日。

品,消灭了二级品和次品。人才也是社会的产品。在我们社会主义祖国,人人在自己的岗位上创造第一流的成绩,为人民做出第一流的贡献,这不是什么空想,而是应当办到,能够办到的。事实上,在任何一个平凡的岗位上,已经有人做到了。祖国的四面八方已经涌现了第一流的营业员、第一流的科学工作者、第一流的人民教师、第一流的清洁工……这些第一流的平凡工作是列举不尽的。

为了实现祖国的"四化",每人身上的担子都加重了,青年人的担子更重一些,因为青年人不仅部分地承担着当前,还要全部承担着未来。因此,争当第一流的人才,不仅要成为社会主义祖国的物质文明的创造者,而且要成为精神文明的创造者。不仅要通晓本行业务,而且要具有共产主义世界观,把自己造就成为具有高尚的共产主义道德情操的人。特别是在当前,我们国家改变长期以来的闭关自守,对外开放,对于抵制和消除资本主义歪风邪气的侵蚀,青年一代更要有所向披靡的精神。这样,我们的青年一代才能真正成为第一流的人才。这些话好像是老生常谈,我却不厌重复,并作为我的知心话奉献给青年同志们。

知识分子的地位和待遇[①]

　　不久的将来,国家干部的工资要全面调整,这是一条好消息,它标志着我国经济形势好转,在分配制度上也有了新的突破。有几点意见提出来,供讨论。

　　三十年来,我国的工资系列可分为两大类,一类是行政级,一类是技术级,一直是行政级高于技术级。工资改革前,技术级最高的一级也只相当于行政第七级左右。没有相当于行政七级以上的技术级的工资级别了。

　　行政级和技术级都有优异的人才,如果做出规定,行政级的干部永远高于技术级,这是不合适的。在封建社会,官高于民,等级制体现了封建社会的社会秩序,那是合理的(合于封建社会之理)。今天不同于旧社会。

　　听说苏联芭蕾舞艺术家乌兰诺娃的工资比斯大林高。论贡献和负担的责任,全苏联人民谁也比不上斯大林(斯大林的功过是另一问题),但他的工资却不是最高的。苏联卫国战争时期飞机设计师图波列夫经常跑工厂,向斯大林要两部汽车,半小时后,车子送到了。跳舞的演员、工程师都不是官,他们的待遇却高于部长甚至大元帅。苏联和我国各有各的国情,不能硬比。在我国的内部,两类干部的工资

---

　　①　据《任继愈学术文化随笔》,中国青年出版社,1996年版。原载《群言》1985年第4期。

规定是否可以比一比呢？

我不主张一切技术人员的工资都比行政干部高，也不主张一切技术人员的工资都比行政干部低。高与低之间应当体现在我国的知识分子政策和干部政策上。《战国策》说，燕王为了征求千里马，不惜用重金买回一副千里马的骨骸，消息传出，"不期年而千里马之至者三"。这个故事说明政策的号召力。技术级干部的工资长期低于行政级干部，不利于"四化"。几千年来官比民贵，今后要有所纠正。

知识分子中，绝大多数没有当官的兴趣，也缺乏当官的才干。现在社会上尊重官、贬低技术人员的习惯还很流行。没有官衔的技术人员（知识分子）的确遇到不少困难。试举几个例子：

（1）北京西郊××大学一位教授因工作需要，请求校方给装一部电话，学校不能办。按规定，行政干部处长可以装，教授不行。出门要车子，行政干部可以要，教授要车，经常是"没有"。

（2）××部建宿舍楼，高层难爬的、底层嘈杂的楼层分给技术人员，行政干部分到的多在二层以上四层以下，技术人员自嘲地说："我们都成了'516'①了（五层、一层、六层）"。

（3）社会科学院哲学所教授金岳霖，几年前到北京医院看病，不给挂号，只好回来。后来金岳霖先生对人说："我现在才明白，我原来不是高干。"去年金岳霖病重，住进了一家设备很好的医院，是费事托人送进去的。按规定，金不够住这种医院的资格。

（4）××在上海住华东医院，也遇到麻烦。他是国际国内知名的作家，但他不是部长级。第一流的作家住好一点的医院，在社会主义的中国应当不成问题却成了问题。后来经过努力得到解决。

---

① "文化大革命"后期，1971 年在全国制造了一场抓"516"反革命集团的闹剧，波及全国。后来一个"516"反革命也未抓到，却伤害了不少人。

（5）社会科学院文学研究所何其芳逝世后，由沙汀同志担任所长，沙汀同志分不到宿舍，长期住在旅馆里，原因是作家没有行政级，不好安排。

（6）北大教授诗人××，身体不好，想进一家好一点的医院全面检查一下身体，也是由于级别不够，未能办到。

行政干部现行的工资制度，是不是都合理呢？也未必。

明朝苏州知府况钟是个能干的地方官（《十五贯》中塑造的一个清官的形象），他在苏州办了不少好事。任满后，苏州老百姓攀辕遮道，挽留他，不让他调离。经过朝廷的批准，他继续在苏州当知府，"诏进三品俸，仍知府事"（《明史》卷一百六十一）。况钟是中层地方官，由于干得好，享有中央高级官职的待遇（三品俸）。明朝这种办法可以帮助我们打开思路。我们地方上有不少好县长、好市长、好局长、好校长，工作有成绩，又不便调离岗位，能不能也规定一些"部长级"县长，"部长级"市长，"部长级"局长、校长呢？再比如说，如果有了像时传祥那样的清洁工人，我们是否可以把他的工资定得比卫生局局长高些呢？若正式任命像时传祥那样的工人当卫生局局长，反而不如让他在原来的工作岗位上起的作用更大。不当局长，而有局长的待遇，恐怕对社会更有利。

几千年来官比民贵，多年来"员"不如"长"，一时彻底扭转怕也不易。我不揣冒昧，何不"因势利导"，对技术干部中卓越优异的，加以行政干部职衔（不是职称）。比如说，为了取得安装电话的资格，有的教授可以给予"处长级教授"，杰出的作家给予"部长级作家"，既符合了社会习惯，也符合制度，又解决了教授、作家们的装电话难、看病难、要车难的问题。

前人流传一个故事。一位读书人给自己的女儿讲周礼，周礼规

33

定了很多男尊女卑、三从四德的教条。女儿问:"周礼是谁制定的?"
答:"周公制定。"问:"周公是男人还是女人?"答:"周公是男人。"女
儿恍然大悟:"若周婆制礼,当不如斯。"今天新形势下,制定一些新制
度,是否把主管行政级和技术级的工资的同志一齐找来,共同商量
商量?

也听到有人说:"知识分子就是难弄,当年作为专政对象批判时,
他们没有抗议,今天翻了身,成了工人阶级的一部分,反倒不知
足了。"

这不难理解,在"以阶级斗争为纲"的年月里,国家和民族都在遭
难,人们在国破家亡的边缘上挣扎,还有什么道理可讲? 今天正因为
当了国家主人,才更加关心国家大事,关心国家命运。要搞"四化",
就要尊重知识,爱惜人才,珍惜时间,扫除封建积习,树立科学民主风
气。知识分子并没有提出过高的要求,只是希望行政干部与技术干
部同样受到尊重,受到同等的待遇而已。

要说的已经完了,最后还要议论几句。资本主义世界,钱最重
要,有了钱,都好办。我们的社会,钱不是任何时候都起作用,似乎
"官"的使用价值更大些,这种社会病态值得注意,埋藏下钱权交易的
先兆。

学术职称评定权力最好下放^①

高等院校和科研机构每遇到评定职称(教授、副教授……)就引起不少矛盾,而且使学校的领导和参加评议的委员们筋疲力尽。评定职称以后,本来要使评上的更加奋发,未评上的急起直追。事实上,评过以后,反倒怨声四起,可谓事与愿违。

最近有机会接触到福建、广东、江西、云南、贵州、四川几所大学的朋友们,发现这个使人头痛的问题,南方北方都存在,简直成了国内高等院校的一种流行性感冒。

经与各地同行们交谈,他们一致的意见可以归纳为以下四点:

(1)全国颁布的副教授、教授的标准,在各地的解释出入甚大。虽然定有标准,事实上未起作用。比如"研究成果"这一项,有的以未发表的讲稿作为成绩,有的以出版的文章算成绩。晋升表格上有"专家评定"一栏。专家们有拿"评定"作交换的,你给我的人写个好评语,我给你的人写个好评语。评定外语成绩,各校办法各异,有在考场考的,有拿回家去做的,也有指定考试范围、篇目回去准备的。所谓外语成绩,真的假的都有,假成绩不在少数。

(2)全国统一晋升,各院校分配百分比指标,流弊也不少。有的老大学或科研单位,分配的晋升高级职称的指标百分比已超过百分

---

① 原载《群言》1987 年第 3 期。

之四十,但还是有不少人应提升而升不了,也有戴帽的院校(由中专改为大专的),分配给他们的指标也少,有的百分之十或百分之十五,看来算是严格了。其实,按国家规定的标准来衡量,够格的就到不了百分之十。各院校怕丧失了这个百分比,不惜降格以求,务期占满他们应得的百分比指标。

(3)规定高级职称百分比指标,据说是为了促进人才流动,这里评不上,可以到别的需要人才的地方去,结果适得其反。安徽大学一位教授要求调到山东大学去,山东大学已同意接受。晋升的百分比的规定公布后,山东大学表示不能接受了。因为山东大学有自己等待提升的一批人,外边调进一个教授,本校就少了一个晋升教授的名额(百分比的限制)。即使工作需要,领导同意调进,下边一群人反对,就难以调进,从而堵死了人才流动的渠道。各校只好长期关起门来,自给自足,提升本校或本单位的人。

(4)全国统一晋升,各院校争名额,互相攀比,难以制止。各省市主管部门都希望本省市多评上一些高级职称的教师,为本省市增光。反正经费由国库支付,不由省市负担。各院校争名额,互相攀比,多少得到上级的支持或默许。这也是互相攀比风刹不住的一个原因。结果是国家规定的百分比多次突破,提了职,发不出工资,国家财政难以应付。再加上多年不提职称,评一阵,停一阵,停停评评,政令失信于民。大家认为这次评不上,还不知等到何年何月。有些学校替教师拼命争取,希望多评上几个,这种心情也是可以理解的。他们生怕误了这班车,下次车更加拥挤。

鉴于全国统一评定职称的现行办法弊多利少,亟应改革,现在提出改革意见如下:

国家把评定职称的权力下放,由各院校(科研单位)自己去办。

各院校(科研单位)评定的职称在本单位有效,出门无效。调动工作,到新单位时原职称可供参考。

各院校为了爱惜本单位的声誉,不会自己砸自己的招牌,不会滥提职称,他们会自动刹住攀比风。

各院校职工工资总额按年包干,晋升职务后的工资,由各院校自己解决,国库不再拨专款。各院校根据自己的物力和教学及科研任务有计划地保证晋升经常化。各院校有了权,不至于几年不晋升,国库不再怕晋升后发不出工资。

这样做的好处是便于人才的流动,也利于人才的成长。国家管不好又管不了的事,放开手,让下边去管,反会把事情办好。(城市蔬菜权力下放,已有成功先例可借鉴)国家教委腾出手来,考虑那些百年树人的大计。

权力下放后,可能有的单位不负责任,发生滥提职称的现象。即使有这种现象,其危害范围也只限于该单位以内,不会波及全国,出了偏差也容易纠正。

为了防止学术职称漫无标准,可以树立全国性的学术标兵。国务院委托国家教委、科委从文、理、法、商、工、农、医各科中推选一批标兵。被推选出来的人,应当是该学科中现正在第一线的学科带头人(不是推举学术界的名流),把他们聘为"国家教授"(或其他名称)。总人数不超过一两百人,推选标准比推选学部委员更要严一些。国家只管这一两百人的职称评定工作,工作量不太大,完全可以做到公平合理。全国学术界有了学习榜样,可以防止教授标准下降,可以调动全国高等院校争荣誉、争上游的积极性,对建设"四化"有好处。

教育与生产的循环逻辑①

19世纪开始,中国、日本都提出要现代化。两国起步差不多同时,中国现在已经解决了十一亿人的吃饭问题,日本已成为世界经济大国,各有千秋。

作为中国人,总盼望早日摆脱贫困,走向富强。中国目前的状况有历史原因,有旧中国留下的后遗症。我们应当少埋怨前人,要有勇气承担亲手铸造的后果。

近代历史给中华民族的任务是把中国引向现代化。鸦片战争后,一代一代的先进中国人都对现代化尽了力量。新中国成立后,促进中国现代化的任务落在中国共产党和全国各族爱国人士的肩上。建设现代化的社会主义祖国的详细纲目我不敢妄说,与世界先进的现代化国家相比,大致有以下几点标志:

(1)国民有现代科学知识和技能;

(2)有对本民族优秀文化的素养;

(3)有爱国品质。

以上三条是一般现代化国家的标志,作为社会主义国家还应加上一条:

(4)有关心群体共同富裕的理想。

---

① 原载《任继愈学术文化随笔》。

为了达到以上四条，起码要普及教育。很难设想存在大量文盲的国家可以建成现代化的。

新中国成立四十几年，我国经济建设恰恰又是与日本同时起步的。战后的日本残破不全，国将不国。我国战后也是遍体鳞伤。日本四十多年来的经济增长没有什么大起大落，我国走过的道路几上几下，有高有低。中日两国国情不同，不好勉强对比。我看中日两国对教育重视的程度有显著不同。战后日本没有等到有了钱再办教育，而是首先普及教育，提高教育水平，安定师资队伍。

新中国成立以来，办好教育、搞好生产都列为国家建设的重要课题。这两者哪一个更重要，似乎还没有取得共识。主管财政的人说，教育重要，有了钱自然增加教育投入，目前只好维持着；办教育的人说，教育上不去，生产也难以上去，没有文化致富就没有手段。这个争议有点像山区陡坡上开垦荒地，越垦越穷、越穷越垦的恶性循环。又有点像贫困地区计划生育难以推行，越穷越生、越生越穷的走不出的怪圈。

看看日本的经验，这本来不是不可走出的怪圈。不重视文化教育，文化落后，要达到现代化是办不到的。现代化要靠科学技术去创造，创造者要有爱国献身的热情。花钱能买到某些现代设备，买不来一个现代化的社会主义国家。

恢复手脑并用的好传统[①]

汉唐时期，读书人善骑马，喜佩剑。酒酣，筵前拔剑起舞，已成风气。汉高帝作《大风歌》，汉武帝作《秋风辞》，汉末曹操时代建安文人能歌舞。读书人成为文弱书生，不知起于何时，估计约在北宋以后，不会太早。

北宋立国，为图纠正唐末五代军阀割据、武人专政的余风，抑军人专政，开始重文轻武，文人的地位高于武士。武士只能为将，不能为帅，儒教势力开始抬头。有一派儒者倡导走路要缓步徐行，讲话要慢条斯理，呼唤人要避免大声疾呼。程颢弟子记载，程氏"终日端坐如泥塑人"。初来求学的弟子，先让他们习静坐，养成静坐习惯后，再谈学业。程氏兄弟自称他们的治学道路得孔孟真传。程氏兄弟的儒学教学方针得到一部分学者的支持，也受到一些学者的反对。当时苏轼等人很看不惯程氏学派的作风，遇到机会就加以嘲笑。"二程"同时代的张载，青年时曾向范仲淹请教用兵打仗的知识，范仲淹是文人，也能带兵打仗，他不鼓励张载学用兵，劝他学儒家学问。可见北宋时读书人并不是一味文弱。

儒门孔子教弟子，从"六艺"入手，六艺是"礼、乐、射、御、书、数"。六艺中"礼""乐"有知识传授，也有实践演习。孔子本人及弟

---

① 原载《群言》1998 年第 6 期，题为《文化教育与体育》。

子通晓乐理,也会演奏乐器。奏乐、演礼,都要身心配合。"射""御"主要是实践操作,体力要充沛,身体差的无法学习射箭和驾车。只有"书"和"数"是知识传习。孔子教授六艺,智力、体力并重,原因在于当时认为能治国安邦,须文武双全的人才。这个传统大约继续了一千多年,直到唐朝。

宋儒吸取了佛教、道教静坐修心的宗教修炼方法,强化反省内心动机的工夫,自称得到尧、舜、禹、汤、周公、孔子的"心传",以十六字诀作为教学宗旨。从此,中国传统教育偏向"主敬""主静",忽视实践,忽视体力锻炼。清初大学者颜元坚决反对宋儒教育的流弊,他主张实践,体力脑力并重。当时有人说,孔孟与程朱同堂异室,宗旨一致。颜元画了两幅画。一幅是孔子的讲堂,学生中有弹琴的,有唱歌的,有演礼的,也有读书的。另外一幅画的是程朱的讲堂,师生闭目静坐。颜元问道,两幅画说明孔孟与程朱的教育宗旨背道而驰,怎可以说他们是"同堂"呢?

宋朝儒教盛行,朝廷重文轻武,文官地位高于武将。据说"好人不当兵,好铁不打钉"的谚语,始于宋朝。从此读书人得了偏枯病,由刚健转为柔弱。宋以后,虽有元、清两朝的兄弟民族当政,带来一些刚健清新之气,毕竟多年沉疴,积重难返。连东北以骑射起家的满洲贵族子弟也逐渐染上重文轻武的积习。乾隆皇帝的《行乐图》中把自己画成穿着汉晋人衣冠的雅士。清朝科举取士时,文科举出身者的地位高于武科举出身者的地位。文秀才、文举人地位高于武秀才、武举人。

辛亥革命推翻帝制,建立民国,推行新式教育,废科举、兴学校。国家也举办过运动会,也参加过一些体育竞赛,有些项目得过奖牌。新中国成立后,中国的体育有较大的发展,在国际体育比赛中逐渐显露出中华民族的竞技才能,已不再被外国称为"东亚病夫"。总的看来,中国体育比赛的强项不多。技巧项目,中国有一技之长;比速度、比耐力的项目,如田径比赛,中国运动员往往力不从心,不占优势。如果用人数与奖牌数来平均计算,中国体育的落后形势十分显著。

体育是民族文化的一部分。文化要有民族特色,体育也要有民族特色。外国竞技有他们的文化传统为背景,其中有精华也有糟粕。如何去粗取精,应由他们自己来选择,我们不必指手画脚。但是,国际文化交流日益频繁,有些地区性的、民族性的运动项目,被吸收为国际竞技项目。如奥林匹克运动会,被世界公认为规格最高的运动会,项目多,参加人数也最多,参赛项目多来自各民族。当年古代雅典城的奥林匹克比赛规模和项目比今天小得多。如球类、跳水、游泳、滑雪等项目都是后来逐渐增加进来的。

现有的奥运会比赛的多数项目能增强体质,赏心悦目,调适身心。但也有少数项目,不但不能增强体质,反倒残伤肢体,败坏人类高尚情操,摧残人性,发挥兽性,如拳击项目就是一例。从事拳击的运动员,头部、面部、脑部都有不同程度的伤残。西方世界对这一运动项目有浓厚的兴趣,主要在于从中寻求刺激,它与现代世界的吸毒、豪赌、暴力、色情有着同样的社会背景。西方新闻媒体借此攫取厚利,拳击运动员的出场费在各类比赛出场费中是最高的。我们不妨设想当年古罗马贵族、贵妇人,坐在看台上看奴隶斗兽的残酷场面。所不同的是今天不用刀剑,失败者不会当场流血、死亡(也有当场打死的)。我国作为国际奥委会的成员国,从人道主义原则、从卫生学原则,应当号召抵制以至禁止此种比赛。我们没必要派我们可爱的青少年去从事有害身心健康的拳击训练。它既不能强身,也违反人道。

中国文化传统悠久，我们有很多竞技项目，如射箭、赛马，有几千年的经验，后来兴起的武术、摔跤，也都有健身及观赏价值。中国的相扑传到日本，成为他们国家级的保留节目。中国射箭现已衰退，也应重新振作起来。中国式的摔跤，起源于蒙古族，体力智力兼用，有益于身心，现在还未走出国门，在国内也未受到应有的重视。我们应当重视自己的文化遗产，有十二亿人来推动我们的民族体育事业，普及、推广，不管外国人来学不来学，不管他们怎么评价，我们走自己的路，有十二亿人的竞技队伍，经常不懈的锻炼，这项宏伟的事业必将造福子孙，有益于世界。

发展体育，不是为了追求金牌，应当看作发展中华民族文化任务的一部分。中国古代以"六艺"设教，学文化与强身体相互促进。从青少年开始，就抓紧脑力、体力并行发展。我们也要纠正目前的体育训练中只偏重技能训练，忽视智力开发的偏向。培养运动员，从娃娃抓起，单项突进，只专一门，容易出成绩。但对运动员来说，这种成绩对于夺奖牌有用，也有效，但对于培养一个合格的现代化国民来说，远远不够。发达了体力，萎缩了智力，抛弃了现代国民应具备的文化素养，可谓得不偿失。现代化合格公民应具备文字表达的能力，运用语言的能力，具有现代科学、祖国历史的基本常识。对于社会主义国家的教育来说，不能算苛求。

我国青少年运动员的情况，一般来说，技术娴熟，文化不高，很难进一步提高。号称美国国球的篮球运动，运动员的来源不是专业的篮球体校，而是从大学生篮球队中选拔。大学生有文化，会动脑筋，球打得活，不至于离开教练员就显得无所措手足。反观我国，我们推行足球运动已有几十年，总是达不到世界先进水平。我们有专业的足球学校，也有从中学生中培养的足球队。中学生足球队的前景比专业少年足球队更有培养前途。原因也在于，中学生足球队学踢球的同时也学文化，不是单科突进。这也是文武结合、体脑训练并重的又一例子。

总之，要重视中国自己的文化，总结自己的好传统，并及时学习外国有益的经验为我所用。体育建设是文化建设的一部分，要建设有中国特色的社会主义新文化，体育建设也要照此办理。文武并重，体脑结合，在不远的将来，我们必将为新中国的体育事业开创出 21世纪的新局面。这一条道路看似弯路，实为捷径。

知识训练与人格铸造①

　　六十年前,一个偶然的机会,在昆明西南联大附中替一位朋友代课,担任附中初中二年级一个班的语文课(当时称为国文)。班上有四十几位十一二岁的小同学,白祖诚是其中的一位。他性格内向,不大活跃,勤奋稳重,为人朴诚,有自信心,与同学们相处融洽。他的语文学习比较扎实。当时附中规定每隔一周写一篇作文,两小时内当堂交卷。作文课最能表现学生的思想爱好和倾向,我对白祖诚的了解一半是通过作文写作逐步加深了印象。发作文时,针对作文中发现的问题,选择代表性的、易犯的语法修辞错误及错别字予以评论。同学们听到的是自己的事,记得牢,为后来的提高打下基础。

　　此后几十年间与白祖诚没有定期交往,但经常从其他联大附中同学口中断断续续地得知他的经历和遭遇,关怀并未中断。

　　最近唐绍明同志(他也是联大附中的同学)谈起白祖诚,知道他离休后,写了一本《回忆与思考》文集,即将问世,希望我为此书写几句话。关于这部文集,记录着他自己的风雨晦明,都是他自己的切身感受,我不必说什么。几十年来,我一向在学校当老师,在大学教书,到头来深感大学教育办得好不好,中学教育是关键。想借此机会谈谈有关中学教育的问题。

---

① 据《竹影集》。原为白祖诚《回忆与思考》(北京燕山出版社,2000年版)序。

中学时期正是青少年知识、身体成长、定型的关键阶段,也是世界观初步形成的时期。联大附中我教过的这一班同学分散在全国各地,有的人已在国外定居。不同的机会,不同的条件,不同的性格,研究不同的学科,他们在文艺界、艺术界、外交界、科学界、工程界、理论界各有各的成就,也有遭遇坎坷,蹭蹬一生的。他们成就有大小,贡献有多少。使我十分欣慰的是,他们都经历了风风雨雨的生活考验,一步一个脚印,实现了自己的价值,作为一个"人",他们都及格了。一个人民教师,看到当年的一群青少年如此优异的表现,感到十分欣慰。孟子说过为天培育英才是最大的快乐,这话不假。

青少年时期,只要打好两个基础,一生受用不尽。一是打好知识技能基础,养成运用语文的能力。今天有不少大学生以及研究生,只知道专业范围内的一点点知识,对祖国的历史、文化所知甚少,文章写不通,标点用不对。这种不正常的现象是中学时期没打好基础造成的。这一关没有通过,终生受累。另一个基础是树立正确的世界观,作为世界观可以有不同的层次,世界观可拔高到高深的哲学体系,也可以低到起码的是非善恶的准则。自己明白哪些事应当做,哪些不应当做,哪些绝对不能做,守住这一条底线,就有了主心骨。这也是世界观。有了这个基本认识,遇事不会摇摇摆摆,随风飘荡。这种品格也要从青少年做起。从以上这两点来看,当年的西南联大附中做得还是比较成功的。

当年四十几个青年,现在他们都为自己的历史做出了及格的答卷,无愧于一个"人"字。明朝王阳明讲到衡量人的品格好比黄金价值,主要看它的成分纯度,不在于它的重量。

现在全国上下都关心素质教育。素质教育应当包括哪些内容,世界上有哪些国家在这方面有好经验,还在探寻中。作为教育战线上的一名老战士,我想,素质教育就是育人成才,培养全面发展、对社会对群体有用的人。一方面是知识技能,一方面是品格。这两方面分开来,是两个方面,却集中到一个被培养的对象身上。

　　回想起六十年前与一群青少年相处的日子,又看到白祖诚同志所写的《回忆与思考》的稿子,不仅联想起当前人们关注的素质教育这个热门话题。知识丰富,品格残缺,充其量不过是养成一批"会行动的电脑",与育人教育毫不相干。

繁荣哲学社会科学　探索人才培养方法[①]

　　我长期从事哲学研究和教学工作,在北大度过了近三十年。在综合性多学科并存的大学教书,我发现文科人才成长、发展的道路比理工科更艰难。同一届毕业的学生,十年后返校时,理工科毕业生成才较快,多半成为研究和教学的骨干。文科毕业生成才相对来说要慢一些,而且有时不但不能正常发展,甚至还要遭遇学术夭折。

　　作为一个人民教师,培养青年成才是自己的天职。这一现象引起我多年的沉思。人才的差别,除少数天才及顽劣者外,一般来说人的能力总是差不多的。能考进北大的学生都是从优选拔的,何以他们成才的道路有这些差异? 说培养社会科学人才比培养自然科学人才难度更大,理由有如下几点:

　　社会科学研究社会,自然科学研究自然,自然和社会无时不在运动变化中。自然现象变化比较缓慢而不太显著,社会现象的变化快。自然科学研究的对象,可以被分割开来,放在设定的环境下,供分析、观察、试验,可以反复观察,制造种种条件来供观察、分析,一次不够还可以多次。当然,也有不少学科是只能观察,不能实验的,如天文学等。社会科学却不然,它的对象是社会。社会的变化比较快,基本上只能供观察,而不能供实验,如"文化大革命",只能有一次,无法使

---

① 　原载《中国人民大学学报》2003 年第 3 期。

它重复。

　　自然科学所实验、观察的对象可以顺从观察者的安排。社会科学研究的对象是活动的,不能顺从研究者的安排。自然现象超越国家,超越民族,其规律放之四海而皆准。数学、物理、化学不分国家,而文学必须区分英国文学、法国文学等。法、德两国接壤,但法国、德国的哲学、文学皆不相同。自然科学不具有民族性、国民性,而人文科学、社会科学离不开民族性、国民性。自然科学做出的结论不涉及研究者个人的利害关系。社会科学的重大结论必然涉及研究者个人及所属群体的利害关系,因而有形无形地影响研究者做出结论。社会现象复杂而多变,研究者必然受到他个人的见解、水平、学术造诣的影响。对同一社会现象,不同的人去研究,可以得出不同的结论。

　　科学研究由浅到深有三个层次:第一步为描述性的;第二步为探索性的;第三步为规律性的。

　　研究者的目的在于创新,在于发现问题、提出问题,在前人已有的成果上有所前进。科学能怀疑才能有所前进。这一品格对自然科学工作者来说是题中应有之义,不言而喻;对哲学社会科学工作者来说,往往成了问题。新中国成立五十年来,因学术上不同的意见而招祸者,如马寅初、孙冶方、杨献珍等事例,并不少见。事隔多年,哲学社会科学研究者仍心有余悸。

　　哲学社会科学开头第一步,描述性的研究就比自然科学困难。1958 年,北大哲学系师生在北京大兴县黄村参加劳动,正遇到成立人民公社。群众白天放鞭炮、敲锣打鼓欢庆公社成立,夜间捉鸡捆羊准备明天到市场上去卖,当时农民生怕一切归公。这种社会现象该如何来描述而不失其客观性? 如此下推,该如何进一步探索? 该如何从中找出规律来? 对当时的社会科学工作者来说,实在不易。当时我们哲学系的师生对新出现的社会现象看不透，大家在研究文章中论证了人民公社"一大二公"的好处。当时绝大多数人相信，只要人们接受公有化，实现共产主义并不遥远。

自然科学现象允许多次观察、重复实验，已成为世界公认的正常的科学方法。而我所经历的社会科学研究，观察实践、描述性的报告也只有一次机会。研究社会现象工作难度大，还生怕发生误差。外在环境使社会科学与自然科学不站在同一起跑线上，因而社会科学发展得不令人满意，就不值得奇怪了。

科学研究有一条古今公认的标准，就是要有新见、创见，其结论因而出现在实验之后，而不能预先设定。自然科学界的诺贝尔奖的权威性之所以为全世界所认同，就在于它对人类知识宝库有所增益。而我们常见的哲学社会科学研究者未动笔以前就有了结论。研究著作、文章中句句正确，却未见作者的创见，读者未看到著作前早已知道它的大致内容。哲学社会科学近十年来有飞跃的增长，年年新书不少，但未能与时俱进。表面热闹、内容空虚的浮躁现象，除研究者不具备科研素质，缺乏科学责任心外，外部环境与管理机制也有不利于社会科学人才成长的一些因素。

科学教育管理部门重视近期效益，用力抓近期见效的成果，对须长期钻研、深层次研究而短期难见效的课题缺少相应的鼓励机制。从研究生入学时起，就鼓励学生多发表论文，而且要求发表在某种级别刊物上才算成绩。有的大学对教师的要求也重视论文的数量及发表刊物的等级，无形中助长了学术界的浮躁之风。

依我们从事大学教学科研多年的经验来看，青年考入研究生院学习，主要是打基础。三年时间已够紧迫了，再要他写论文发表必然影响基础训练，对青年成长不利，对国家的学术事业更不利。前几天参加《中国佛教哲学要义》出版座谈会，与会专家学者都认为方立天教授这部著作是中国佛教哲学研究的重大进展。方立天是新中国成立后培养出来的优秀学者，他的成就基本条件有两条：一是基本功扎实，深入钻研第一手资料，深思熟虑，而后得出结论；二是视野开阔，除佛教以外还熟悉中国哲学史。我和方立天教授相知多年，如果照目前我们培养社会科学研究生的办法，很难培养出像方立天这样的研究人才。

抗日战争时期，西南联大在云南昆明办学，先后培养了全国甚至全世界著名的众多学者，被称为世界办大学的奇迹。在学校物质条件极端困难、师生们衣食仅供温饱的处境下，学校教学和科研水平已经是当时国际上的一流，许多优秀生送到国外仍然是尖子人物。其中有理工科的，也有文科的。总结西南联大的办学经验，最重要的一条——西南联大具有高度的爱国主义作为推动力，再加上"百家争鸣"的优良学风，从而保证了科学的正常发展。当年马克思流亡伦敦，生活困顿，但是他的学说征服了世界。他是从"百家争鸣"中冲杀出来的英雄，他没有权势，靠的是以理服人。他开创了历史唯物主义，首创了剩余价值理论。在当今世界，更加显示出其理论的生命力。发展社会科学没有捷径可走，确保"百家争鸣"是唯一的途径。

当前学术界为了繁荣学术事业，规定了一些评奖规则，这些规则力图采用量化的办法制定出一些考评标准。这些措施看来对理工科行之有效，对文科的特点则考虑得不周。如果照现行的科研成果评奖办法，几年以后，哲学社会科学会有不少获奖者，但对哲学社会科学的长远发展不利。因为研究社会现象要从认识社会开始，要有足够的时间，要把主要精力花在社会实践上，而不是花在发表论文上。研究历史，要花更多时间接触吃透中外古今的经典著作，其中要过古文字关,通晓现代外语等。只有在研究生学习期间打通这一关,才能在知识海洋里畅游,取得发言权。

至于哲学社会科学采取何种奖励制度还要靠大家共同想办法,反正目前的奖励规定对哲学社会科学不适用。哲学社会科学的民族性、社会性、地区性差异很大,其中,社会制度的差异,种族偏见,宗教信仰的分歧,都会对哲学社会科学的评价产生影响。世界的多极化、文化的多元化的现实,不可避免地制约着对哲学社会科学的评价。

我们是有五千年文明的大国,有些规则要与国际接轨是必要的,但发展哲学社会科学必须走自己的路,并不断探索。现在从中央到地方,各级领导都提出要重视哲学社会科学,如何落实还须多方努力。社会对哲学社会科学多年来重视不够,造成营养不良,底气不足。短期内可以采取放水养鱼,暂不捕捞,让这一学科领域休养生息一段时间,再向它要成果。当前,重要的是选好有关学科带头人,做好打基础、正学风的扎实工作。学术本身是有生命力的,只要给予适当环境,正常滋养,它会茁壮成长,从幼苗长成大树。操之过急,可以出点小成果,不能有大成就,人才难以成大器。

在中国人民大学国学院开学典礼暨揭牌仪式上的讲话①

中国人民大学国学院成立是一个大喜事,我今天来不是为了讲话而是为了来祝贺学院的成立。我对中国人民大学国学院成立的重要性和必要性在参加筹备会的时候已经说过了,不再重复。

我主要想讲一些具体的小事。我觉得现在社会的发展,特别是电脑出现之后,使用拼音输入法会使人养成提笔忘字的习惯。这也是一个副作用。电脑是方便,可这种输入法造成的结果就是使人不认识字。另外北大的一位教授提起,他的孙子毕业回来之后说,"闹了半天,原来祖国的祖字是一个点"。祖国的祖字左边是一个点还是两个点他以前一直都不清楚。可见随着电脑的发展和电脑的普及,人们认识汉字的机会就少了。所以国学院要从基本的方面做起,要会写。像刚才许嘉璐先生提到的要会作诗、写文言文。

会写是第一步,固然不仅要会写还要会读。将来开课第一年要开设语文课,这是必须要有的。大学有自己的决定权,教育部有它的要求。学校是给国家培养合格的人才。只要交上的成品合格就好了,不一定要规定怎样培养。至于怎样培养,这应该是交给学校自己决定的事,教育部不应该过多干预比较好。再就是培养办法。过去

---

① 2005 年 10 月 18 日。

几年我没有带研究生,以前是考上研究生以后规定必须要在标准的刊物上发表多少论文。这个制度是不是还在进行我还不清楚,如果还是这样的话,希望人民大学可以带头废除这种制度。这也要求纪宝成校长要有胆量,要不怕罢官。过去的北京大学第一次招女生,在北洋政府时期是一件大事。到底应不应该招?学校是不是应该向教育部请示?蔡元培校长就说,为什么大学招生就不能招收女生呢?招。可以说给校长自主权是有好处的。

另外,我就想说一下对同学们的要求。因为我教书多年了,我希望同学们不要图热闹,看见别人发表多少文章了、发表多少著作了就羡慕,就沉不住气。关键不是发表多少文章,关键是充实自己,衡量自己够不够能力。当年清华大学成立国学研究院的时候,问陈寅恪教授有没有什么著作、有没有什么学位的时候,他都说了没有。后来他成了一个有名的教授,成了教授的教授。可见一个人有学问没有学问,发表论文是次要的。人民大学可以考虑培养研究生要走一条全新的路、创新的路。国学院办到什么程度才说它是好的学院呢?等到它使那些百年老校,像北京师大,像北京大学,它们的校长坐立不安,那个时候我们就说国学院已经建设得差不多了。

科举考试制度值得借鉴①

科举制度的利与弊

汉代开始采用选举制。地方官员选拔出一批人才,呈送到中央,与近代由群众推选的选举意义大不相同。

古代选举制,王氏家族选举李氏家族子弟到中央做官,李氏家族又推选王氏家族的子弟作为回报。众多势家大族之间长期互相推举、互相支持、互相利用,豪门大族结成政治集团,"门阀士族"由此形成。南北朝的王谢两大士族,互相援引,从东汉经三国魏晋南北朝,形成盘根错节的势力集团。汉末三国时河北袁氏家族"四世三公",并不是他们袁家子弟才学过人,而是凭借他们世代形成的士族集团势力。

从汉到南北朝,几百年间,门阀士族拥有强大的政治的、经济的、文化的势力,致使南北朝长期不能统一。历史发展需要统一,人民生活需要安定、温饱,不需要战争。隋唐顺应这一形势,统一了南北朝,并使之进一步巩固。建立多民族的统一大国是历史的趋势、百姓的愿望。南北朝时期,南方北方王朝更替十分频繁,朝代是短命的,但

---

①　原载《炎黄春秋》2005 年第 11 期。

门阀士族却安然无恙。中央统一政权为了培养选拔为中央政府服务的官员,必须找一条选拔培养人才的途径,建立一种新制度,科举制应运而生。

科举制,选拔人才不问家族出身,只要能治国安邦,用兵打仗,有经济管理的特长的,都可以应试,及格的可以得到重用。唐朝的高级官员从宰相到地方官员,多半是科举出身的。此种制度符合中国的国情,行之有效,历宋、元、明、清,一直沿用下来。推行一千多年,明显的效益有以下几点:

(1)选拔人才的范围扩大到全国包括边远省区,规定各省区录取人员的比例,像云南、贵州,人口少,文化不发达地区也分配有一定的名额,全国士人产生拥护朝廷的向心力;

(2)定期考试,后备人才不断地补充到中央,不忧人才匮乏;

(3)国家规定《四书》《五经》为教材。全国知识分子通过各种学习的方式,主要是自学,国家兴办公家学校不多,大量的应考者都是单独自学,只要考试得中,即可上升到官员阶层;

(4)考试立法详明,执法严峻,主考官舞弊的,重的可判死刑。因此考试取得"功名"(如秀才、举人、进士)即可得到社会的尊重、认可。

这制度后来传到外国,世界上普遍认为英国"文官制度"是从中国科举制度移植过去的。

科举制度的公开性、权威性,已被社会所认可。于是,有人为了考取"功名"苦熬一生。从另一个方面也可以看出科举考试并不是绝对公平的。真正的人才,由于不合规范程式而被排斥,未被录取,像清朝大文学家蒲松龄应科举,一直考到七十岁,还未考取举人。

科举经历了好几百年,推行了八股考试办法,这种选拔人才的方法的缺点明显。因为八股文考试题目出自《四书》,《四书》的字句就是那样多,三年一考,从明朝开始规定以朱熹的《四书集注》为标准答案,应试者不准有自己的独立的新解释。几百年的考试,差不多把《四书》的句子都出遍了,于是想出了截取上句的末句、下句的首句等一些不成句子的题,称为"截搭题"。《红楼梦》第八十一回讲到贾宝玉第二次入家塾读书,老师出应试科举三道题,其中一个题目为"则归墨",这是《孟子》中"今天下之言不归杨则归墨"一句完整的句子,截去上半句"今天下之言","则归墨"是下半句,题目就不通,偏要教应考者"代圣贤立言"写出有条理、讲出道理来的文章,岂不荒唐! 吕留良曾写过一篇《真进士歌颂黄九烟》指斥明朝三百年来科举取士的弊端:

> ……进士尔何能,能作八股耳,其中并多不能者,一行作吏无须此。三百年,几十科,科数百人印累累,如今知有几人名? 大约尽作蝼蚁死,人言蝼蚁可怜虫,吾言凶恶过虎兕,谨具江山再拜上,崇祯夫妇伴缄贶。〔自注:崇祯末,有人书一仪状云:谨具大明江山一座,崇祯夫妇二人,奉申赆敬晚生文八股顿首拜。亦愤世嫉俗之言也,贴于朝堂〕

八股文取士的弊病在于政府规定的"代圣贤立言"上,把应试者的思想禁锢死了。八股文有罪过,科举制度不能负责。

借鉴科举制度,改进当今教育存在的弊病

粉碎"四人帮"以后,我国恢复了学位制度,开始培养自己的硕士、博士,为国家培养了不少人才。1978年招收的硕士生,1982年招

收的博士生,现在有的成为各学科的骨干。近年来,各校招生的名额不断扩充,教师和学校为争取建立博士点,布点过多过滥。我们的工业产品量多,但缺乏领先的拳头产品。我国已成为生产钢铁的大国,但还不能算钢铁强国。我国手机产量在世界领先,但关键技术没有知识产权,仍处于弱势。文化精神产品也有类似的情况。

有的博导带十几名二十几名学生。也有的学校以一著名导师的名义招徕博士生,然后分别交给一些青年教师去培养,势必造成成绩下降。

研究生入学后,本来要求读些必读的书,三年时间内用来专心学习已经够紧张的,现在不是把充实学识放在首位,而是要求在校期间每年必须发表论文,还要发表在规定的某种等级的刊物上,不照办,即无法毕业。研究生入校后,第一年大部分时间用在外语上,博士生还要学第二外语,这要花费较大的精力才能过关。研究生的最后一年,大部分时间为自己联系工作单位,主要精力是向用人单位介绍自己。为了争取在刊物上发表文章,难免要拉关系,找门路,有的导师用不正当的手段保护自己的研究生。商品交易之风污染了教育界这块净土。人们常说应当刹一刹学风浮躁,但我们的一些制度助长了浮躁风,形成恶性互动。我们国家图书馆设有"博士生文库",专门收集、储存我国的博士生论文。按年代顺序排队,发现各学科论文水平逐年在下滑。如果有人有兴趣,可以用这些资料作进一步的研究。

当前博士生、硕士生培养的现状参差不齐,优劣相差不可以道里计。有些水平低的博导,给水平高的博导当学生,还未必够格。授予学位,国家有统一标准,但各校有自己的标准,执行起来宽严标准不一。教育部规定研究生答辩委员中必须有外单位及外校的委员参加。据我所知,有一次某大学答辩委员会上,有一位外地请来的答辩委员一连问了一位应试者好几个问题,该生一个也答不出。这时该生的导师坐不住了,指着从外校聘请来的委员大声呵斥道:"你这是考他,还是考我? 给他过不去还是给我过不去?"

也有学校招收"在职博士生",有的博士研究生不必来校上课,可以派秘书代他上课,当然这类博士生拿到的文凭是真的,博士生学识是名不副实的。各大学招生和培养博士生标准不一,招生和应试的各有所图,各得其所。

为了改变目前研究生培养的混乱无序,国家应当当作一件大事来抓。从古人实行的科举制度中采取其合理部分参考、借鉴。

(1)可以培养出合乎国家要求的人才。滥竽充数、不合格的学校及不合格的导师将自行消失;

(2)培养研究生不再规定毕业年限,学校只发给在校学习年限的证书,各校不再授予学位。研究生学完应当达到的学分,可以报国家的科举考试,一次考试不中,还可多次再试,只是不能继续在校学习;

(3)国家不再设博导。按道理每一个教授都应具备带博士生的能力。我们常说"与世界接轨",我们的"博士生导师"称号就没有与世界接轨。外国的教授名片从来没有"博导"字样。

18、19 世纪,列强在全世界争资源,争土地;进入 21 世纪,还增加了一项掠夺的对象——技术人才。智力开发可以用很少的投入创造出更多财富。人才智力都是资源,是开发不尽的智力资源。为国家培养合格优秀人才不光是一个教育问题,也是增强国力的根本措施。

国家培养尖端人才,培养硕士生、博士生,是国家的百年大计。在激烈竞争的当代,我们疏忽不得,也疏忽不起。

从近处着眼,硕士生、博士生培养关系到学风的邪正,从大处远处着眼,硕士生、博士生的培养关系到国家兴衰。不可等闲视之。

培养人才不是蒸馒头①

　　国图的"博士生文库"收录了近些年全国的博士论文。有选择地读了一些,发现问题多多。很多文章语句不通,基本的标点符号都用错。大家都觉得现在博士生论文的质量下滑得很严重。有人感叹:注重考知识而不注重培养能力的学校教育、量化的培养方式已经使得我们的人才素质整体下降。

　　现在的研究生学制大多三年,三年内要求每人都发表文章,还要在指定的核心刊物上发。三年时间,实事求是地讲,第一年学外语要花很多时间,第二年进入专业学习,第三年开始联系找工作。很多研究生连基本的专业知识都尚未掌握,就开始写论文,然后托关系找刊物发表文章。各学校对于研究生的培养有许多不切实际的量化规定,可是如果现在每年上万的研究生都要在核心刊物发表文章,刊物又如何够用? 如果每篇博士论文都在 10 万字以上,又如何能保证其中不掺"水"?

　　量化应该有一定的限度,产品的规格可以量化,但不是什么都可以量化。比如《红楼梦》写一个女子的外貌,不能说眼睛多少厘米,鼻子多高,腰围多少。培养人才,不能完全用量化的标准来衡量。我带研究生,就是要求他们阅读指定的书,写读书笔记,然后定期进行检

---

　　① 原载《人民日报》2007 年 4 月 5 日。

查，从不硬性规定他们发表文章。

社会普遍反映现在的博士不如从前的大学生顶用，学位贬值已经成为一个大问题。培养人才不能像蒸馒头，个个都一样。比如，自然科学与社会科学各有各的特点，在人才培养方式上也应该有所不同。自然现象比较客观，可以通过实验，反复观察；研究历史和社会现象，只能在社会运动中去观察、认识，只能在极小范围内搞实验。因此，我们不能套用理工科研究生的培养方式来培养社会科学人才，反之亦然。

而且，人的天性禀赋是不一样的，用一种模式培养人才，只会削足适履，造成"南橘北枳"的结果。

在北京大学研究生教育 90 周年庆典上的讲话[①]

　　我今天很高兴参加这个会。因为我的经历，我在北大当过研究生，又在北大带过研究生，之后又主持国家研究生培养的一部分工作，有一些感想在这里说一说，我也很愿意提出一些不成熟的意见。

　　我当学生的时候，我就有这么一个感觉，研究生要想打好基础，是靠自学为主，不是靠听课。听课只是个启发，真正要做的是自学。自学要给他一定的时间，没有时间怎么能自学呢？课程不能安排得太多。课程安排太多，听课都听不完怎么能谈得上自学呢？应该给研究生创造这么一个条件，就是充分自学的机会。研究生在学习期间，应该维持竞争的机制，有一定的淘汰率。我当研究生的时候，有些研究生考上之后毕不了业。十个研究生就有一个念不下去的，不能够毕业，可见淘汰率还是相当高的。不是说考上研究生之后就保证一辈子解决问题了，不是这样子。这是一个初步的想法。做研究生要有些必要的准备，准备不够的话没法成才。需要哪些准备呢？

　　第一个是工具上的准备，工具包括语文等基础的知识。第二个是思想上的准备，不是说当了研究生就要提高我的待遇，或者将来有什么出路，少想这个；要想到为国家做出什么贡献，这是第一位的。我们在昆明当研究生的时候生活很苦，吃饭都吃不饱。那个时候杨

---

　　①　2007 年 12 月 26 日。

振宁还是学生,他说,在大食堂吃饭,头一碗饭不要装得太满,盛半碗,第二碗饭装得满一点,这样可以多吃一点。头一碗装得满,吃第二碗的时候没有了,就吃不饱。在那种情况下能出那么多人才、出那么多成果,这就说明方法要对路。研究生要有志气,要想着为国争光,不要想着个人前途怎么样;就像抗日战争时期,打倒日本鬼子是我们共同的愿望。爱国是主要的,这是个动力,不是增加工资作为你的动力。以工资作动力,那就是"有奶就是娘",谁给我钱多我就给谁干。这行吗?这样子没法给国家、给人民做贡献。以上说的是思想上做准备。

再就是学风上,在研究生阶段培养正当的、科学的学风。什么学风?靠自己的努力,不要东抄西凑,那样子学习不扎实、靠不住。这是起码的要求。

以上几点是对学生的要求。

我当过研究生的导师,对导师也有相应的要求,首先是导师要以身作则。导师要有示范动作,不只是动动嘴纠正学生操作上的错误。导师还有一个责任,就是领导学生科学地、规范地做科研。昨天有报道说复旦大学处分了两个老师,是关于剽窃方面的问题。必须要有这样的处分。这个情况各个学校都有,以后研究生院要办好,学风必须要扳正,这样才能出第一流的人才。导师还有一个任务,就是看看这个学科发展到什么程度:国内发展到什么程度,国外发展到什么程度。哪些问题已经解决了,不要重复。哪些问题没有解决,需要努力。题目从这里面出,不是现在国外的杂志上说了个题目咱们就跟着跑,那永远也跑不到前面,永远也跟不上。导师应该有这个责任。选题要选对。导师还有一个责任,就是选学生,把学生选好。最要紧的一个条件就是导师要无私。这种无私很难。中学老师、小学老师对教的学生真是无私的。就算学生超过他，当个将军、当个元帅、当个院士、当个专家，老师高兴得不得了，比他自己得那个地位还要高兴！这就是无私。大学里有些老师不是这样。他有些新的观念不说，发表之后他才公布，才让人知道，这就是怕学生超过他自己。我们都看过《水浒》，梁山泊白衣秀士王伦是怎么失败的？他就是怕别人超过他，容不得，容纳不了。那样学生怎么会进步呢？这个不行。心胸要宽大，看到学生超过自己，我高兴，这就对了，这说明你有成绩，有人才出来了。这点我很有感受。前二十年，我经常收到有关敦煌问题讨论和研究的信。最近十年、最近五年以来，我没有收到这样的信了。这些信都跑到我的学生那里去了，我的学生研究敦煌很有成绩，全世界好多人都问他。我觉得这就好极了，人才出来了。后来我主持国家一些领域里面的一些项目，管的范围涉及更广一点。在某个领域里面培养人才要高瞻远瞩。要看这个学科在世界上什么地位，研究到了什么程度，哪些东西该做，哪些东西急迫要做，哪些东西条件不成熟不应该做。没有这个看法以及想法，方向找不准是不行的，方向找不准是浪费。

刚才我跟董申保院士交换了一下意见，他觉得过去我们学苏联学得太像了，把学科定得太死，范围很窄，走一条线。学生毕业之后专业不对口就干不了，改行也改不了，就只能干那一条，这是自己给自己封闭起来。路子要宽的话，基础要打得广、打得开才行。

我作为北大的老校友，希望研究生培养越办越好，我觉得北大研究生院要向教育部申请试点，大胆尝试一下。北大的优势是敢为天下先，像五四运动那样大的运动、改变历史的运动，就是北大发起的。现代化的大学也是北大开始办的。北大的邓广铭教授给我说过一个例子，他是研究宋史的，说的是杨家将的故事。在宋朝宋太宗的时候,宋与辽交战,争夺燕云十六州。辽军五十万的兵一直打到北京的高粱河,宋朝也以主力迎战。宋军不动,正面吸引辽军的主力,派杨家将从山西大同那边包抄过来,一直包抄到北京背后,救北京的危机。这个战略是合理的,效果很好,杨家将屡战屡胜。结果宋军统帅沉不住气,觉得杨家将与辽军交战屡战屡胜有功劳,而自己却不动,自己也应该与辽军迎战,结果出战后大败。辽军胜利后撤出部分兵力把杨家将团团包围,结果杨家将全军覆没。这就说明要沉得住气,要受得住外界的批评议论,要顶得住,不能影响大局。

希望北大的研究生培养会越办越好,谢谢大家。

在《中国文化研究》出版座谈会上的发言①

随着我们国家地位的提高,更多的外国人需要了解中国,这个刊物重点应该放在怎么把中国文化的现状、过去向全世界如实地介绍出去,这个任务很重要,很难,也很迫切。我们与外国的学者、朋友们来往,都有一个共同的感觉,就是他们对于正确地了解中国相当隔膜,他表面上看到的中国不一定就是中国本来的样子。我们要正确地向外介绍自己的文化,这对世界也有好处。许多美国人了解中国哲学,还是根据半个世纪前冯友兰先生的《中国哲学史》,太陈旧了,应该有些新东西介绍出去。过去我们中国不够强大,是引进的多,讲出去的少。今天我们能不能一方面了解外国,另一方面也要让外国了解中国,这也是个很迫切的任务。现在我们国家还没有一个专门对外翻译、介绍中国文化的机构。北京语言学院是中外交流的中心,可以发挥地理、学术的优势,把刊物办好,很有希望,很有前途,但难度也很大,面临一个严峻的竞争局面。把刊物办好,调动广大作者的积极性,真实地、不加掩盖也不夸大地介绍我们中国各方面的新的成果,是一个很重要的任务。

---

① 原载《中国文化研究》1994 年第 3 期"《中国文化研究》出版座谈会纪要"。

给《文史知识》编辑部的信①

《文史知识》编辑部：

两百期的成绩,积累了宝贵的经验,形成了自己的风格,赢得了读者的支持。我收到的一、二期,还未发现哪些文章"不理想"的,文章短,内容充实。既然命名为"文史知识",要多在知识性上下功夫。

国家要富强,离不开科学,这一点早在百余年前已引起国人的注意。振兴科学、科学救国的口号不少专家提出过,我们还没有看到尊重历史、熟悉历史对国家富强的重要性。中华民族历史长,内容丰富,历史知识是中华民族的凝合剂,历史知识是爱国主义的基础。我们不但要教育青少年熟悉中国五千年史,也要教育他们熟悉中国五千年史,我们要做历史普及工作。

《文史知识》形式上是个不大的刊物,但读者面广,影响面大,办好这个刊物不但有益于当前,也造福于后代。

如果把历史知识分解为若干部类,分门别类地向读者介绍,(如民俗、制度、民族、科技、文化生活……)积少成多,这是大型刊物难以做到的,这是本刊的优势。

祝

进步

任继愈

1998 年 3 月 3 日

---

① 原载《文史知识》1998 年。

北平大学附属高中[①]

　　这是一个寿命不长的学校，只办了四年，毕业了六个班。但这个学校有它的特色，不像一般有名气的附中以功课紧、学习成绩优秀见称。它更像一所大学的预科，学风比较宽容，有百家争鸣的风气。

　　北平大学是北平几所专科学校联合的称号，下辖有农、工、医、法、商、女子文理等学院。大学有似联邦制。校长对各学院没有直接管理权。为办一个高质量的中学，为各院校输送合格学生，由各学院共同筹集经费，由各大学分摊附中费用。各学院把已到手的经费挖一块出来，未免不甚情愿。开办之初，有人推测这个学校寿命不会太长。

　　北平大学附中第一任校长（正式称主任，因为校长由北平大学校长兼任）是宗真甫老师。宗先生，河北人，留学法国，他的办学思想有点法国大学的风格。课程除教育部规定之外，二年级以后，开设了许多选修课程。教材不用教育部统编的中学教科书，而是授课教师自行选编。我们的英文课，选用英文短篇小说，教师陈振原先生是美国哈佛大学留学生。国文教员先后有几位老师，他们多半是北京大学毕业生，有中文系的，有哲学系的。数学老师是北京大学数学系毕业的。中国历史教师李云波是北京师范大学历史系毕业的。西洋史、

---

　　① 据《念旧企新——任继愈自述》，人民日报出版社，2011年版。

生物学的老师是燕京大学毕业的。也有的教师是大学的讲师、助教来学校兼课的。体育教师李老师是北京师范大学体育系毕业的。

教材各年级不同，由授课教师指定。数学、物理、化学、西洋史用的是外文教材。

除了正式课程外，还可选修第二外语（德文、法文、日文、俄文四种）。第一年有个俄文班，以俄文为第一外语，英文为第二外语。第二年，俄文班取消，俄文改为第二外语。

还有一些选修课，有音乐（钢琴组、提琴组），有美术（油画组、国画组）。

有英文选读课，另外请教师讲授。

高中不分文理科，集中在文化基础训练。这是当时唯一不提倡死读书的学校。学校招生不限于北京市，我的同学来自四面八方，有江南人，东北人，山西人，河南人，山东人、四川人都有，北京土生土长的反倒占少数。

国民党统治时期，学校必须有"党义"课。我们的"党义"教员鲁涤平，河北人，留学日本，他喜欢讲马克思主义辩证法，对三民主义的党课不重视。这门课成了鲁老师发表政见的讲坛。他先引用三民主义中的一段话，指出："大家听听可笑不可笑：'主义是一种思想，一种信仰，一种力量'，你看可笑不可笑？"这门"党义"课先生不重视，同学们自然也不重视。同学们私下组织的读书会，也有参加共产党，从事革命活动的。各班级都办墙报，组织球队和外校比赛。课外生活比较活跃。学校集体宿舍不足，家在北京的或不愿在校内住宿的，自己在外住，下课后就无从管理考核。总的看来，培养了一批肯钻研、肯独立思考的青年，他们后来都在各自的岗位上对祖国有所贡献。1956 年国民党空军中第一个驾机起义的刘善本是北平大学附属高中第二届的同学。

1931 年到 1935 年这四年间,北平被日本侵略军一步步进逼,学生和教师都不满于南京政府的卖国投降政策。北平学生运动连年不断。每次学生游行及宣传活动,总有北平大学附属高中的同学参加,引起北平警察对这个学校的注意。正好由于北平大学各学院不愿意掏钱办这样的中学,便借故宣布停办,由学生自行转学。北平大学附属高中的第二年暑假,发起了护校运动,留校的同学推举代表,举行新闻发布会,向全国通电,申明不应停办的理由。最后,大家提出,如当局不收回成命,即联合起来,到南京向教育部请愿,根据同学名册,通知家长在铁路沿线的同学按规定时间车次上车,会齐同去南京。当局怕事情闹大,让了步,答应以后不再招生,已招进的这一届学生毕业后,自行停办。因而这个学校只办了两届共四年。

我们的校长宗真甫先生是一个教育家,他制定的北平大学附属高中的规模,有远大眼光,也有魄力。他没把教育的力量放在升学、放在死读书上,而放在全方位为青少年打好文化基础上,使他们成为全面发展的人。体育、美育与德育、智育并重,十分可贵。我的一点国画知识是在中学时得到的。

宗主任亲自教选修法文课。他说法文发音优美,可以直接阅读法国重要文学、哲学著作,也不失为一种享受。他没有宣传学了法文可以到法国旅游,到法国的企业去赚高工资。宗老师对中国古代哲学也有兴趣。抗战时期,我在昆明读研究生,听说他从法国回来参加抗战。他拿出关于《墨子》的一篇著作,我们几个在北平大学附属高中毕业的同学互相传看。他的著作很有见地,强调墨子哲学反对侵略的思想,不但有反对侵略的思想,还有打败侵略者的具体措施。墨子是两千多年前反侵略、维护正义的好榜样。

我们的英文选读课老师是陈冠杰先生(后来他有事没能继续讲,由他的夫人诚贯仪接替),陈冠杰先生标准的伦敦发音,中外学识渊博。他讲到有关美国西部移民的文学作品中有民间歌曲 *Yankee Doodle*,他还哼出 *Yankee Doodle* 的调子。我们印象深刻。

他又是一位忧国忧民的爱国人士,对国民党及清政府的腐败行为常予以讽刺。他讲:清朝末年怕革新,又怕洋人。在外交场合,各国外交官正式会议以前,先集中起来唱一遍自己的国歌。一次,清朝出使大臣们看到外国人咿咿呀呀唱国歌,不知道他们干什么。清朝没有国歌,大臣们也不知国歌为何物,他们便凑在一处唱一段《光棍哭妻》应付了事。当年,日本明治维新以前,日本闭关自守,拒绝与国外通商。后来,美国兵舰打来,被迫派人与美国交往。日本专使要取一个外国名字,取名 SPY。美国人看了公文纳闷,办外交为什么派一个奸细来呢?这类掌故是否属实,待考。但陈先生善于用小故事启发听众的兴趣,增强鄙视日本军国主义的精神。

他还讲到要学英文,要注意作者的时代,用词因时代不同而不同。刚发明汽车时,"脚踏油门,表示努力,用 put on your foot",现在如果有人还这样说,人家先看看你有胡子没有。后来听说陈先生去给冯玉祥将军教英文,他的夫人诚贯仪来接替他讲英文选修课。她选了高德华斯的一篇短篇小说 *Quality*,说德国兄弟二人在英国以缝制皮鞋为业,缝得舒适、坚固。因为坚固耐用,一双鞋经久不坏,生意反而不及粗制滥造的鞋匠。读后使人心情沉重,质量好反而竞争不过劣质品。

国文老师刘伯歇先生毕业于北京大学哲学系。他不用教育部编审的中学国文教科书,而是自选教材,从《左传》《国语》到孟、荀、老、庄及宋、元等人的文章。他讲的语文课像文学史,又像哲学史。从他选的教材中,我读过张煦、胡适、梁启超、唐兰、冯友兰等人关于老子年代的讨论,对我后来进入北京大学哲学系可能产生了某些潜在的影响。

高中时,我为班上的墙报写过一篇文章,分析元曲产生的社会背景,提到元代轻视儒者,把人分为十等,"一官、二吏、三僧、四道、五医、六工、七匠、八娼、九儒、十丐",知识分子的地位在娼之下,丐之上,没有出路,多走向下层社会,也是元曲兴盛的一个原因。这种粗浅的背景分析,也说明北平大学附属高中的学生兴趣比较广泛,不局限于读课本,不把应付考试放在首位。

应当开展经典文化建设活动①

　　开展经典文化建设工作十分重要。作为人类智慧文明源泉的古今中外经典，对于促进我们的教育改革、文化进步、科技发展，以及培养高素质、创造性人才有很大的积极作用。

　　"经典文化建设"内容涉及全球文明整合、人文社会科学与自然科学的相互影响、中华传统文化和素质教育、传统经典诵读与教育创新、经典诵读的实践等多方面。我们建设有中国特色社会主义的新文化，就要把世界上所有的先进文化都吸收进来，为我所用，同时又要吸收我们中华民族过去一切有价值的传统文化，加以改造，为我所用。

　　古今中外的经典是人类智慧的源泉，朗诵经典是开发潜能、学习语言、提高修养、开启智慧的重要途径，对于塑造新世纪学贯中西、锐意创新的优秀人才有着特殊的催化作用。文化有持续性的特性，它没有"暴发户"，没有哪个国家一天之内能够成为文化大国。过去，在这个问题上我们吃过亏，对历史了解不够，对古代糟粕的东西看得多，精华的东西看得少。现在，我们要平心静气地对古代的东西加以总结，研究开发。这项工作不但全社会应当重视，而且要从小孩子抓起。经典文化建设推广工作从娃娃抓起，才会有根。古代的东西是

---

　　①　原载《今日浙江》2001 年第 11 期。

文言文写的,不大好理解;但没有关系,小孩子记忆力好,先记下来,再慢慢地消化。古代的经典经得起揣摩,经得起消化,不是念一遍就完了的。有些故事,讲一遍,听过去就完了,而经典文化不一样,第二遍读过来和第一遍的感受不一样,第三遍过去和第二遍又不一样,可以长期起作用。如果我们坚持不懈地抓下去,弘扬优秀传统文化,就会落到实处。

"经典文化建设"可以依托国家图书馆宏富的珍贵文献资源,来开展各种各样的学术及宣传活动,它是一项提高全民文化素质、培养优秀人才的重要的文化建设活动,是国民社会教育、终身教育的重要内容,应当长期持久地开展下去。

经典教育:孩子们的"维生素"①

　　在学校中开展经典诵读和经典教育,目的是培养孩子们的人文精神,也是一项进行优秀传统文化熏陶的传统美德教育。多年来,我国的中小学校偏重知识教育,语文、数学、外语等知识学科很受重视,但是在传统文化、为人品格教育上做得很不够。如果说语、数、外等知识科目是"药",可以帮助人治疗"无知"这个病症的话,经典教育就应该是"维生素",缺少了维生素,机体就会出问题。服药的作用可能立竿见影,学习了这些知识科目,人就会变"无知"为"有知";而维生素却潜移默化、点滴渗入每个细胞,以保障机体的健康。得了病的人可以"临时抱佛脚",只要及时吃药就可以痊愈;而缺少维生素的人可能自己并不知晓,等得了病再补维生素往往已经来不及了。因此,虽然知识学科的教育成果明显,传统文化教育短期内看不到效果,但是我们万万不可只重视知识学科教育,而忽视了经典教育和传统文化素质的培养。

　　在信息技术高速发展的今天,人们自当提倡培养学生的科学精神、现代精神。但是,经典教育带给学生的人文精神同样重要。科学精神、现代精神与人文精神一起,对于培养一个健全的、完整的"人"意义重大。这是一条促人不断发展、不断前进的光明之路。品德教

①　原载《北京教育》(普教版)2005 年第 2 期。

育要从娃娃抓起,我们应该给儿童一个道德底线,告诉他们"什么能做""什么不应该做""什么绝对不能做",让他们从小就有基本的是非观念。随着年龄的增长,这个要求应该越来越高。这样,儿童的道德素质就会与年龄同步得到提高。相应地,整个民族的道德素质就会提高,良好的社会道德风尚就会树立。从这个意义上说,教育是立国之本,德育更是国民素质提高的重中之重。

在经典教育的具体实施中,存在着这样一个问题:经典读本在学生中很受欢迎,但是家长和老师本身的传统文化素养却积累不足,经典诵读的师资缺乏。为了改善这种状况,教育部门和学校应该多举办面向经典诵读教师的培训活动,师范学校更应该有计划地培养经典教育师资。教师和家长也要有意识地读读古代经典,可以跟孩子们一起学习。这不仅对教育孩子有益,也可以促使教师和家长对人生、对世界产生更深刻的思考。

古代经典是经过几千年的时间积累下来的,是经过历史筛选的,它们是精华、是有生命力的,在今天仍然对我们大有裨益。举个最简单的例子:"己所不欲,勿施于人"就给我们提供了一条很好的处事原则——自己不愿得到的事物、不愿遭受的事情,不要强加于人。不仅对于个人,这句话对于一个国家同样适用。国际交往上平等互利,就是很好地遵循了这个原则。而且这句话是经得起推敲的。为什么不说"己所欲,施于人"呢?因为这样的话,喜欢吸烟的人就要让所有的人都吸烟了。所以说,古代经典第二遍读来和第一遍的感受不一样,第三遍读来跟第二遍又不一样,是经得起揣摩、推敲的。中华民族最大的成功就在于五千年的文化没有中断。一脉相承的文字、语言和文化,使我们在几千年后的今天仍然能够站在巨人的肩上看世界,使我们能看得更远。所以,我们没有理由让五千年的历史积淀在这里失传。

重读《阿 Q 正传》①

　　研究评论《阿 Q 正传》的文章很多,也有写得相当好的。他们从文学方面着眼的多,抓住中国农民的本质来深入解剖的文章却是少见。农民的许多品质在阿 Q 身上有集中的表现,而且表现得极深刻,许多人看不到这一点,嘲笑阿 Q 的某些缺点、毛病,其实这些毛病人人都有,是中华传统文化长期带来的胎记。鲁迅"哀其不幸,怒其不争",当年编者曾放在"开心话"专栏内,其实饱含着沉痛、哀伤,有心人读来并不认为开心。

　　民族性某些弱点,汉唐时期,中华民族并不是这样的。宋以后,儒教成为主流。在忠君为最高原则下,又吸收了佛教的禁欲主义,用程朱理学作为天下教材,在全国青少年中实施强迫教育,遵照程朱学派的《四书集注》作八股文,并以此猎取功名,做官为宦。这个民族才衰败下来。直到今天痼疾仍在。当年的阿 Q 不识字,今天的阿 Q 可能有海归派,有的拥有博士头衔。当年未庄的有势力者以赵太爷等最显赫,现在有不少高官、大款。如果说当年鲁迅所感受的社会风气,国民性问题严重,我看现在令人揪心的是今天的阿 Q 们不以为病,自我感觉良好! 今天农民的生活比 20 世纪有了大的改观,会上网,会读书写字,但思想深处并未改变多少,阿 Q 头上的疮疤讳言

① 原载《皓首学术随笔》,中华书局,2006 年版。

"光""亮"。"文化大革命"之后,巴金生前曾倡议设一个"文革"纪念馆,一直没有做到,遗憾终生。一个民族忘记过去耻辱,忘了犯过的过失,不愿提,也不愿想起来,那么将来还可能会犯。过失不怕,只要不犯同样的错误,做到前事不忘,后事之师。过失转化为精神财富,这个民族就有希望。看来路还很长,绝非几十年、百把年能看到效应的。战斗未有穷期,提高人民素质的任务仍须尽力。

"绿色音乐"还能听到吗?[①]

　　广告经常宣传"绿色食品",到自然风景少受污染的地方去旅游,也称为"绿色旅游"。照通常的理解,"绿色"的基本因素是接近自然,没有或较少人为破坏。现在音乐歌唱,大小的演唱会,都靠扩音设备。没有扩音设备,演唱会就无法进行。

　　靠了电器辅助,扩大音量,增加效果,这是现代科技带来的方便,应当肯定。缺点是"失真"。再好的音响设备总与原来的声音有差别。电器设备有时会补救歌唱者的缺点和不足,即使比原来的音色更美,毕竟失去原汁原味,失真就是缺点。

　　这是社会进步伴生的缺憾。音乐的遭遇也是一样。古人评论音乐演奏,曾有"丝不如竹,竹不如肉"之说,意思是说,乐器是人加工后的产物。弦乐器完全靠丝弦振动发出声音;竹制乐器,靠人来吹奏,这里的人自然因素比弹奏乐更多些:"竹不如肉"是说直接歌唱完全是人的口腔发出的声音,喜悦忧伤悲欢离合的感情有歌唱者的风格,感情能表现得更充分。同样的一首歌曲,由于演唱者的处境、心情的不同,可以产生不尽相同的效果。管弦乐也能由于指挥者不同,表现不同的效果。但其差别总不及直接发自歌喉的效果显著。京剧中生、旦行当,同样的板式,同样的唱词,谭富英与马连良,梅兰芳与程

　　① 原载《皓首学术随笔》。

砚秋，给听众的印象迥然不同。这种差别是每一个听众都能感受得到的。西方有名的歌剧（如《茶花女》《卡门》）的演唱者也有类似的情况，这里不用重复了。

唱歌要有扎实的功底，容不得半点马虎。听梨园界老艺人讲俞振飞幼年学昆曲，他父亲亲授，一句唱词，要唱一百遍。高低、强弱、节奏，不许走样，这样才算及格。只要不生病，天天"曲不离口"。俞振飞下过这样的苦功夫。梅兰芳等大师又何尝不是这样苦练出来的？人们都知道，日寇占领上海后，敌伪统治时期，梅发誓留起胡须，不再登台演戏。但梅兰芳在家里，还是不断对着一只空坛子口，吊嗓子。等到日寇投降，大陆光复，梅兰芳邀集当年的班底马上恢复了演出。没有扎实的基本功，能做得到吗？

记得青年时代在北平（1949 年以前"北京"叫"北平"）听京剧。东安市场有吉祥戏院，前门外有广和戏院、中和戏院。广和楼是富连成剧社经常演出的地方，中和戏院是程派及其中国戏曲学校经常演唱的地方。不论哪一个剧场，都四面透风，观众在冬天都要"全副武装"，大衣都不能脱。在那种四面透风的剧场里，演员的唱词和念白都能使坐在最后排的听众听得清。当时的剧场不是阶梯式的，地面都是平地，坐在后排，离舞台远，虽看不清楚但可以听得清楚。北京老戏迷主要不是来看戏，而是来听戏。即使他们坐在前几排，往往也闭目聆听，有时手指轻轻拍着桌面随着唱腔打拍子。

当年的演员的基本功，一是练身段、步法、跌翻武打，一是嗓子。当年崇文门一带城墙上，天天早晨天不亮就有人在吊嗓子。旧时城墙上砖铺的地面有一两丈宽，相当平整，打拳、练功很方便。

科技发达是好事，各行各业的基本功还是不能丢掉。西医看病常规诊断是用听诊器，中医靠号脉。新科技与旧传统如何有机地结合，是我们面临的新课题。要大家共同关心，从实践中踩出一条新路来。

《国学基本教材·论语卷》序^①

教书几十年,时时与青年接触,从青年身上看到他们追求理想、敢于幻想的精神,从中受到鼓舞。我曾替一位朋友的夫人在一所中学代过课,教过初中二年级的语文。

多年来我发现了一个普遍现象:奠定一个人的人生观、世界观,不是在大学学了哲学或政治课开始的,而是在中学时代,从十二三岁时随着身体的发育、知识的积累、意志的培养平行前进、同步开展的。再回想自己成长的过程,也是在中学时已经考虑过将来如何做人。

在应试教育的催化剂推动下,有的大学专门成立了少年班,有十四五岁的大学生,而且成绩优秀。这种情况,南方、北方各大学不乏先例。北京几所名牌大学,曾不断发生学生自杀的,也有拿到博士学位、有了工作后自杀的。

教育最终的目的在于育人。人是社会的成员,社会培养他成长,成长后反过来为社会奉献他们的聪明才智。古今中外社会都是这样走过来的。对社会有用的人,不光有丰富的知识,还要关心国家大事,除了专业分工以外,还要熟悉祖国的历史、对世界大势有所了解,对艺术会欣赏,会辨别美丑,对人间的善恶有判断的能力。

还要具备健全的体魄,有操作现代工具的基本能力,包括语言的

---

① 《国学基本教材·论语卷》,新华出版社,2008 年版。

运用。要养成关心别人、帮助弱者、坚持真理的品格。这是一个现代公民必备的基本条件,也就是说首先是一个合格的公民,然后才是什么专家、什么大师,等等。

这样的基本要求,起码要有十几年的系统培养,十二三四岁的少年是做不到的。必要的成功和挫折,对我们的青年人都是不可缺少的宝贵经验。

中学是为培养全面发展的幼苗打基础的阶段,只有语文课可以负担这个任务,其他课程无法替代。

王丽女士对中学语文教学有丰富的经验,更难得的是她有一颗热爱教育事业、关怀青少年的童心。她也是出入图书馆的常客。有一天她拿来一篇谈语文教育的文章给我看,其中的见解我很欣赏。这套台湾版的《中学国学基本教材》也是她让我看的。我看了选材篇目,选看了其中解说注释,认为选材精当,注解简明。按照学生的年龄理解能力,安排选材先后顺序,符合中学教学的要求。市场上见到的同类书籍中,这套教材的特色鲜明,优点突出。它不光是增加古汉语知识,对培养青少年品格全面发展也有益。

台湾和大陆,血脉文化本属同根。在众多繁茂的语文教材中增添一株奇葩也是一件好事,值得向社会推荐。

《和志武纳西学论集》序①

　　中华民族的五十六个民族都有自己的历史传承。各个民族,不论人数多少,都有不同的经历、不同的生活环境、不同的宗教信仰及文化传统,都有自己的贡献,各具特色。在几千年长期共同生活中,互相交流,互相借鉴,取长补短,从而得到共同发展。古人所说,五色交辉,相得益彰,八音合奏,终和且平,正是指的这种情况。

　　再从横向来考察,每一个民族都和周边地区的社会群体发生交往。经济交流可以互通有无;文化交流(如文学、艺术、建筑、绘画)可以丰富生活、开阔视野;政治交流,可以增加信任,维护和平、稳定;地区之间的交流同样可以互相补充,双方受益。

　　民族传统研究与地区研究,纵横交叉。开展研究,形成综合、系统的考察,必将贯穿我国民族文化、历史的研究,并将其推上新的台阶。

　　纳西文化研究开了一个好头,成绩斐然。我国有不少地区根据自己的情况,也做了类似纳西文化研究的工作。山东有齐文化研究,湖北有楚文化研究,陕西有三秦文化研究,山西有五台山文化研究,晋西南有华夏古文化研究,安徽有徽文化研究,浙江有天台山文化研究,东北三省有萨满教文化研究,河南有少林寺文化研究。这里只是

---

① 原载《云南日报》2008 年 4 月 28 日。《和志武纳西学论集》,民族出版社,2008 年版。

随手举例,并未详细统计。这些研究侧重点不尽相同,有的从宗教文化入手,有的从考古资料入手,有的从民族学、人类学、语言学、民俗学入手。不论从哪一点切入,都归结到文化深层的认识。各个分门别类的研究归总起来,对中华文化做出了不可缺少的贡献。集腋成裘,积锱铢为丘山。只有对每一个兄弟民族的研究深入,有所创获,才可以写出更完备的中华民族文化史。

在众多地区文化、民族文化、宗教文化中,纳西文化研究贡献突出,成绩斐然。和志武同志的文集就是明证。通过这部文集,我们看到了纳西文化的深度和广度。我们还要在已取得的成绩上更进一步。比如说,我们前些年抢救译出了上百部东巴文献资料。当时为了抢救翻译,来不及仔细推敲,力求保持原著的原貌,采取了四行译法。先如实地把读音记录下来,逐字对应地译出,最后写成译文。东巴文字难于识别,不同地区的经师师徒口耳相传,各有不同的传承。今后开展进一步的研究,还要在更广泛的范围内参照相近的文献资料做进一步的推敲,还有不少工作有待后人继续深入。这些困难是我们研究已死去的文字时共同遇到的。东巴文处在"绘画"与"文字"发展的过渡阶段。国外的少数民族也有类似的情况,如北美印第安人也曾用绘画来表达意义。他们绘出表意示意图,又必须附口头解释。对东巴文作科学、确切的解读,对东巴语文的语法、词汇进行研究,还有很多工作等待我们后来人继续发掘。

万事起头难。有一个好的开端,预示了一半的成功。我们欣慰的是有和志武这样的先行者开了路,后面更年轻的梯队可继续前进。纳西文化研究前途无量。令人遗憾的是和志武同志的事业刚刚开始便不幸逝世,更多的工作有待我们后继者的努力。纳西文化是中华文化不可缺少的部分。纳西文化研究得越深越透,中华文化的研究才能达到更高的水平。

　　和志武同志的论文集具有科学性、开拓性，奠基工程已开始，并且做出了榜样。这本文集的历史价值功不可没。

　　祝纳西文化研究前途无量。

我向大家推荐的一本书①
——《呐喊》值得一读再读

　　古人说"开卷有益"，这话有它的道理。而在今天，对这句话就要有选择地对待了。青少年辨别力不强，读了一本坏书，可能对他不但无益，反而受害。我推荐的书目是鲁迅先生著的《呐喊》。鲁迅用严峻的目光、严峻的语言、严峻的要求来剖析中国传统文化。鲁迅对中华民族有深厚的爱，爱之也深，责之也切。《呐喊》更加使我们认识到除旧布新的紧迫性，值得一读再读。

---

　　①　原载《图书馆杂志》2009 年第 7 期。

《文化中国丛书》总序^①

    中国是世界文明古国之一。古代世界曾经辉煌灿烂的文明国家,多数没有维持下来,唯有中国这个国家从原始社会到形成国家,有文字可考的历史有五千年以上。我国的文化文明史从未中断,一脉相承,屹立于世界之林,历久而弥新。

    我国文化起源于上古,大致在黄河、长江及其周围地域形成,是延续至今的中华民族共同文化,同时又是在连绵几千年中,以华夏民族为主体的各地域文化和各民族文化长期不断交流渗透和大融合的结晶。

    今天,我国正处在飞速发展的新时期。了解过去的优秀文化,正是为了创造未来的新文化,这对于提高民族自尊心、增强民族凝聚力有着极为重要的意义。青少年是国家的未来、民族的希望,对他们进行传统文化教育,是百年大计、千秋功业,因此可谓当务之急。进行传统文化教育要有长远的目标,要让中小学生和拥有中等文化程度的读者掌握和了解我国文化传统史方面的一些基本知识,提高国民的文化素质和修养,以更好地继承发扬优秀文化传统。这是一项宏伟的事业,应引起更多的关注和重视。我在大学教了大半辈子的书,我以为现在大学生的文化素养正在慢慢下降,原因可能不在大学,而

---

① 《文化中国丛书》,湖南少年儿童出版社,2010 年版。

在中学,中学底子如果没打好,到大学再改造就困难一些。

书是文化的结晶,是时代的精神产物。我们讲综合国力,书籍也要体现综合效益。大专家写小文章是件好事,一本书几万字,看起来举重若轻,但背后有很多学问的支持,像演话剧,前台搭的东西并不多,其实后台有好多支持前台演出的东西。该丛书对于成年人也不失为一部高品位的、可信赖的文化知识读物,要走进全国大大小小的图书馆,更要走进千家万户,让更多的读者了解我们伟大祖国悠久的传统文化。

北大的"老"与"大"①

自从我 1934 年考入北大哲学系,到 1964 年中国科学院成立世界宗教研究所,我离开北大,前后共三十年。我调离北大后,仍在北大兼任教学工作。这样算来,我与北大同忧戚、共浮沉,已有五十四年。

北大有北大的特点,特点是什么? 近来认真想了想,可用两个字概括:一是"老",一是"大"。

写北大校史一向从 1898 年创建"京师大学堂"算起。我觉得这个算法不符合北大的历史实际状况。

大学名称起源于欧洲中世纪,欧洲古希腊也有讲学的地方,称为学院。欧洲中世纪的大学是由教师与学生共同组成的社团,最早的大学建于 11 世纪的博洛尼亚,相当于中国的北宋时期。12 世纪起,有巴黎大学、牛津大学,以后逐渐增多。如果照欧洲中世纪的大学标准来看中国古代的大学,中国的大学比欧洲的大学起码早一千年。汉武帝元朔五年(前124),设五经博士弟子五十人,是西汉太学建立

---

① 据《任继愈学术论著自选集》,北京师范学院出版社,1991 年版。原载《精神的魅力——纪念北大 90 周年论文集》,北京大学出版社,1988 年版。一部分以《北大的"大"》收入《竹影集》。

之始。中国不叫大学叫太学,意思是一样的。昭帝时增弟子员满百人。宣帝末,增倍之(按:两百人)。西汉末年,经学盛行,成帝绥和八年(前8)增到三千人。东汉开国皇帝刘秀就当过太学生。东汉顺帝、质帝时,太学人数又有大量增加,达到三万人。

从西汉历魏晋南北朝、唐、宋、元、明、清,直到京师大学堂的建立,两千多年,太学的教学内容以儒家经学为主要课程,以三纲五常教育学生。辛亥革命(1911)前,京师大学堂每月定期向学生宣读《圣谕广训》一次,灌输忠君思想。1913年,已进入民国时代,清朝隆裕太后死了,教育部令各校放假一天。大总统的生日,也要放假一天。1915年政府授给北京大学校长胡仁源以"中大夫"的头衔。以上这些事实都说明,北大直到"五四"以前,它是汉唐以来"太学"的继续。

再看"五四"以前学校的课程设置,"五四"以前的北京大学以经学为主课,1909年,有"经科",下设"毛诗门""周礼门""左传门"。和清朝国子监教学内容没有什么区别。

以上这些事实都表明,"五四"以前的北京大学带有很重的封建色彩,从它身上可以看出两千年来中国古老"太学"的影子。

古代太学生有关心国家大事的传统,他们不大甘心读死书。王莽要当皇帝,太学生上过书。嵇康被判死刑,太学生上过书。京师大学堂时期,1902年,清朝向沙俄出卖中国的权利,大学堂学生上"抗争俄约疏"。1905年美国排华,北大同学刊印"广劝抵制美约说",广为散发,抵制美货。1907年,慈禧对这批大学生很不放心,发出"上谕",严禁学生"干预国家政治及离经叛道,联盟纠众,立会演说",禁止学生"悖弃圣教","变易衣冠"。十月革命影响下,发生了五四运动,大学生运动达到高潮。至于载入史册的"一二·九"运动,更是使当时腐败政府头痛、推动革命前进的力量之一。这个老传统值得大书特书。这是从学生方面看北大从太学中继承的老传统。

从旧北大的校领导人来看，蔡元培先生是个教育家、学者，没有官气。蔡先生以前和以后的校长们有官气的较多。西南联大时期同学们曾议论过北大的蒋梦麟校长和清华的梅贻琦校长，认为梅贻琦校长在办教育，蒋梦麟校长在当官。蒋后来竟给宋子文当秘书去了。有人说，这也许是北大的旧传统太深，"国子监祭酒"非有官气不可吧？太学生关心国事的传统与国子监祭酒当官的传统竟绵延不断地传袭了二千年！

再说北大的"大"。

北京大学蔡元培先生曾提出：

> 大学者，囊括大典，网罗众家之学府也……各国大学，哲学之唯心论与唯物论，文学美术之理想派与写实派……常樊然并峙于其中。此思想自由之通则，而大学之所以为大也。我国承数千年专制之积习，常好以见闻所及，持一孔之论。
>
> （《北京大学月刊》发刊词）

这里提出了破除数千年专制之积习，防止"持一孔之论"，容纳不同观点的学说，给各家以争鸣的机会，无疑起了繁荣学术的作用，给"五四"新文化运动开辟了一条通路。

北大的"大"，不是校舍恢宏，而是学术气度广大。这一无形养成的学风，使北大的后来人能容纳不同的学术观点。我进北大时，蔡元培校长已离任多年，但当年的学风还在。形形色色的教授中，有衣冠楚楚的，也有衣履邋遢的；有口才便捷的，也有语言不清的；有有学历头衔的,也有没有上过大学的;有新人物,也有老秀才。北大教师的总体阵容是壮大的。抗战时期的西南联大,更是呈现了百家争鸣的局面。新中国成立后,经历了 1952 年的全国院系调整(这里有利有弊不可一概而论),北大的教师队伍打破了各校长期隔阻、南北不通气的格局,促成了新中国成立后的新校风。人们在众多流派中各自汲取其要汲取的,取精用宏,不名一家。北大这个"大"的特点,谁能善于利用它,谁就能从中受益;肯学习,就能多受益。不能说其他大学不具备这种"大"的特点,似乎北大给人的印象最深。不知这里是否杂有个人的偏好?

松公府旧北大图书馆杂忆^①

抗日战争以前的北京大学,规模不像今天的北大这样大,当时每年招新生约三百人上下,在校学生总共一千多人。清华大学人数和北大差不多。当时的国立大学中,北大和清华都算规模较大的了。

"五四"时期,北大图书馆设在沙滩红楼的第一层,毛泽东同志曾在图书馆工作过。李大钊同志领导下的盛况,我没有赶上。1934年我考入北大,图书馆设在沙滩松公府的一个四合院内,是一所旧府第庭院。院内古槐参天,每到夏季,浓荫匝地,蝉声悠长,寂若空谷,静若古刹。进入馆内,颇有"苔痕上阶绿,草色入帘青"的感觉。可是到了冬季就不好过了。北平冬季漫长,馆内阅览室方砖铺地,阴冷潮湿,凉气直往上冒。尽管全副冬季装备,坐久了仍觉得腿脚僵冷,手指也不听使唤。一年之中有半年不好使用,我对这个旧图书馆的印象好坏各半。

旧的图书馆馆长是毛准教授,字子水,出身安徽读书家庭,精文史之学。他留学德国时专攻科学史及数学,回国后在历史系开"科学方法论"课程,选课的不限于历史系学生。他讲课时,引用数学公式太多,加上口才不佳,选课者寥寥数人。因为他为人厚道,判分比较宽松,各系的高年级同学临毕业时,有人为了凑足一百三十二个学分

① 据《竹影集》。原载《文明的沃土》,北京大学出版社,1992年版。又收入《任继愈学术文化随笔》。

（文科毕业生的最低学分限度是一百三十二个学分），选修这门课的每年也能维持三五个人。毛子水先生平日穿一件旧长衫，衣着不整，名士派头，对图书馆的事不大过问。他是文史专家，精于古籍鉴定，北大图书馆收藏的善本古籍不少是他任期内买进的。新馆建成，聘严文郁先生为馆长，办馆方针仍保持旧传统。

旧北大图书馆也有一套规章制度，借书有数量和期限的规定。学生一般能遵守，教授中有人遵守，也有人不遵守。有人向毛子水先生建议，今后借书应加以限制，怕有遗失。他说，图书馆遗失不是由于借阅，办了借阅手续，不会遗失，借出越多，遗失越少。在这种无为而治的作风下，教授借书也有一两年不还的。

日本投降后，北大从昆明迁回北平旧址。馆长仍是毛子水。新中国成立前夕，南京政府派飞机接北平各大学的教授们离北平去南方。北大的教授绝大多数留下迎接解放，不愿去南方过逃亡生活。最后一次飞机到达南京时，胡适作为北大校长至机场迎接北大教授，只接到毛子水一个人。事后听说，毛子水与国民党军统头子戴笠小学时是很要好的朋友，他怕新中国成立后他和戴笠的关系讲不清楚，匆忙飞走了。

大学二三年级期间，旧北大的新图书馆落成，地点仍在沙滩松公府，靠近北大西大门。新建的图书馆，采用钢门窗结构，宽敞明亮，一扫旧馆沉闷幽暗的气氛，这个建筑在当时是最先进的。以中文阅览室为例，常用书、工具书如《四部丛刊》《四部备要》《二十四史》《册府元龟》《说郛》《通典》《通志》《文献通考》《玉海》等书，沿墙排列了一周，随手查阅，十分方便。同学带来的书，从书库借来的书，都可以摊在阅览桌上。中午出去吃饭，摊开的书可以不收拾，回来接着看。需要剪剪贴贴的，还可以把剪刀糨糊放在手边。历史系有一位陶元珍，经常把《张太岳集》放在中文阅览室,旁边摆着剪刀和糨糊,他后来成了研究张居正的专家。

当时北大校门任人出入,教室任人听课,图书馆阅览室也任人阅读。不管是不是北大的成员,都可以走进来,坐下就看书,无人干涉。写北大校史的人,都提到北大沙滩有不少在北大的旁听生(办过旁听手续的)和偷听生(未办旁听手续的)。如丁玲就是偷听生中的一位,传为佳话。其实当年旧北大的图书馆还有"旁阅生"和"偷阅生"(临时铸造的新词,自知不妥,并无贬义)。这一条渠道也曾给一部分社会自学青年提供了读书的方便。这些自由出入图书馆的读者,除了不能从书库借书外,实际享有查阅中西文开架书刊文献的一切方便,与北大正式生没有两样。说来也奇怪,在这种极端开放,几乎无人干预的情况下,没有听说图书丢失事件。只有一次在盥洗间抓获过一个摘取电灯泡的小偷,这与偷书无关,另当别论。

沙滩松公府旧北大图书馆还规定,学生凭借书证可以进书库看书,国外各大学多有这样的规定。我在学校读书时,也深受其益。因为到书库里面,亲手翻一翻,看一看,与查阅书目卡片得来的印象大不相同。根据卡片找书,有按图索骥的方便,有目的性,节约时间。但是,从事研究的人有时无意中翻书,会有意想不到的发现,得到新的启发,这种启发是查目录卡片无法替代的。

赞百年北大①

北大九十周年校庆时，我写过一篇短文——《北大的老与大》，表示我对母校的钦敬仰慕之忱。"老"是指北大校史源头长远，可以上溯到西汉武帝立五经博士时期，这是我国最早为国家培养人才、储备人才的机构。古代的"太学"可视为北京大学的前身。

北大是从古代中国大学演化来的。早期北大的教学内容、课程设置，都与古代中国大学有直接联系。北大无论怎么变，它为国家培育人才的职能未变。只是古代与近代有不同的国家制度、有不同的人才标准罢了。北大的"老"是历史悠久，却不是老惫衰朽。北大的"大"，在五四时代，它体现在容纳新思潮，改造旧学风，新旧并存，百舸争流，给新思潮以孳长发育的土壤。新中国北大的"大"更应体现在熔铸人类文化中一切有价值的成果，构建具有中国特色的社会主义新体系，为共产主义的未来铺路架桥。这里所说的人类文化有价值的成果，既包括中国外国东方西方古代的成果，也包括近现代中国外国东西方文化有价值的成果。

20世纪前半叶，爆发了两次世界大战，一些国家没落了，一些国家兴起了。近百年来世界变化之大为亘古所未见。母校北大在近百年巨变中发挥了它可能的、应尽的作用。

———————————

① 据《竹影集》，原载《光明日报》1998年2月26日。

北大的"老"表现在政治上的爱国主义传统,学术上治学严谨的传统。继承了乾嘉学术,又超过了乾嘉诸儒。

在用人方面,还有尊重知识,善于不拘一格,聚积人才。就几十年来我在北大所见所闻,北大长辈教师中很少有出自北大本校的,如汤用彤、朱光潜、贺麟、洪谦、郑昕、张颐几位先生,都不是北大毕业。没有高学历,而有真才实学的专家,与有高学历的同样受到重视,如梁漱溟、熊十力诸先生。未到外国留学而在外语系当教授,并成为外国语言文字知名专家的,如下之琳等是国内有数的研究莎士比亚的专家,自学成材。未上过大学的钱学熙成为教授英语的骨干。

北大师生长期生活在视野开阔、群星灿烂的学术环境中,培养成的人才,确有它不同于其他大学的地方。新中国成立后,师生人数成倍增长,北大毕业生遍天下。北大毕业生在各个不同岗位上,或多或少都有所奉献,但未听说北大同学结小团体、立小山头的行径。北大同学对人对事敢提意见,能挑毛病。于是有人说,北大培养的学生眼高手低。我想,眼高手低是个缺点,但作为一个知识分子,分不出高低,眼手俱低,以己之昏昏使人昭昭,是不可能的。古人说"观过知仁",从缺点中发现其缺点不无可取之处。这也许是出于对北大的偏爱吧。

光阴荏苒,告别九十周年校庆又迎来百年校庆,北大的老与大,性质未变。爱国主义传统未变,北大师生心系天下安危,胸怀万民忧乐。北大师生身处在学术前沿,敢于创新;为追求真理,在地狱入口处,不徘徊,不犹豫;屹立在各自学科前沿,开拓前进,推陈出新。

20 世纪伊始,八国联军侵占北京,新建的北京大学遭到八国联军驻军践踏。侵略军撤退后,仪器图书一片狼藉。北大是蒙受着耻辱跨入 20 世纪的。

新中国成立后的北大,特别是近二十年来的北大,在大好形势下,义不容辞地肩负起新的历史使命。作为全国最早建立的综合大学,适应时代需要,将发挥其积累深厚的多学科综合优势,开拓新领域,培育新人才。必将在人文学科方面充分发挥其人才优势,综罗百代,熔铸中西,致广大,尽精微,承先启后,继往开来,为建设有中国特色社会主义的新文化尽心竭力,务期成功。

抗日战争时期的北京大学①

——西南联合大学时期(1937—1946)

1937 年 7 月,从日本军国主义者在北京近郊卢沟桥制造的七七事变起,中国人民抵抗侵略的全面抗日战争开始了。北京大学的历史也就转入了一个新的时期。北京在 7 月底陷落,9 月 3 日,日军占据沙滩的红楼和灰楼,10 月 18 日,汉奸组织地方维持会占据理学院等其余校舍,北大校舍从此落入敌伪手中达八年之久。红楼且曾被用为敌寇拘禁、迫害爱国志士的地方。北大师生在七七事变后大部分离开北京,走向抗战的前线和后方。有的就近转入京西山地的游击区,在中国共产党的领导下和农民群众一起坚持了八年的游击战争;有的辗转南下,然后投向延安或其他地区参加了抗日工作;另外一部分则在后方艰苦的条件下坚守文化教育岗位,维持了学校在战时的弦诵不辍。

在北京沦陷后,原在平津的北京大学、清华大学和南开大学(按:清华大学的前身是清华学堂,创办于 1909 年,是中学程度的留美预备学校。1925 年开始招大学生,1928 年正式定名为国立清华大学。南开大学是由南开中学发展起来的,创办于 1919 年)在湖南长沙联合成立"临时大学",继续开学上课。半年之后,长沙临时大学迁至云

---

① 原载《念旧企新——任继愈自述》。

南昆明,校名改称"西南联合大学"。从 1937 年秋直至 1946 年夏复员迁返京津,在九个学年内三校联成一校,西南联大的历史也即是三校的历史而不可分割。因此,我们即以西南联大的全部校史也就是北大在这一时期的校史。

经过短期的筹备后,1937 年 10 月,长沙临时大学在长沙开学。从平津辗转南下集中在长沙临大的三校教师共约一百五十人,学生一千四百五十人(包括一部分他校借读生)。借用长沙韭菜园圣经学校、涵德女学及四十九标营房作为临时校址。文学院各系则在南岳衡山借用圣经学院校址上课。

长沙临大时期正是抗战初期举国振奋的时候。当时临大的许多教师和同学都准备投身抗战工作。同学们曾要求学校实施战时教育,但是国民党政府从开头对抗战就是不坚定的,也根本不愿意真正动员全体人民起来抗战,同学们要求实施战时教育的期望只能落空。于是,又有一次从军运动,许多同学自动走向前线,有的到了共产党领导下的陕北,有的回到家乡推动救亡工作。长沙临大的近一千五百名同学中,后来随学校迁到昆明的只有八百多人。

漫天烽火卷地来,长沙临大在上课的第一个学期中,日军自华北和长江一带步步紧迫,蒋介石国民党一面步步败退,一面通过德、意法西斯国家向日军暗中进行妥协投降活动。在战火逐步迫近时,1938 年 2 月,临大结束了第一学期,决定迁校至云南昆明。

在战时内地交通困难的情形下,临大的一部分学生约二百四十人,在闻一多等先生的率领下,步行从长沙迁往昆明(其中长沙至益阳一段乘船,沅陵至晃县一段乘汽车)。自 1938 年 2 月 20 日出发,到 4 月 28 日抵达昆明,途经湘、黔、滇三省,历时六十八天,全程三千三百六十里。在这两个多月的步行途中,教师和学生亲眼看到了国民党统治下土匪、鸦片遍地,人民——特别是少数民族——生活困难的实况。学生们在沿途进行了抗日的宣传,在贵州炉山举行了汉苗联欢大会。数千里的步行也使学生们得到了体力上的锻炼和培养了集体生活的习惯。其余大部分师生则取道香港和越南,从滇越铁路进入云南。

1938 年 4 月,学校迁抵云南后,开始改名为西南联合大学。理、工两院的校舍在最初暂借昆明昆华农校、昆华工校、昆华师范、昆华中学及拓东路迤西会馆、全蜀会馆、江西会馆上课,文法学院不得不暂且在云南南部的蒙自设立分校(一学期后迁返昆明)。同时,在昆明大西门外购地一百二十余亩,建造新校舍。新校舍在 1939 年夏天开始使用,包括一百余所低矮简陋的土墙泥地草顶(部分铁皮顶)的平房及较高大的图书馆和饭厅。联大文、理、法商三院的教室、实验室和学生宿舍全部都在这里,1938 年夏增设的联大师范学院也在新校舍附近,工学院地址不变。在联大时期,学生人数经常约在三千人左右,其中大部分集中在新校舍地区。在抗日战争最艰苦的年代里,这里是数千师生艰苦学习和进行民主斗争流血的地方。"一二·一"烈士的墓地和闻一多先生的衣冠冢也在这里。新校舍墙外大路上高插云天的白杨和尤加利树,现如今应已生长得更加粗壮和茂密了。

茅茨土阶的联大校舍是极度简陋的,图书仪器设备也只能勉强应付教学上的低度需要。但是,由于三校合为一校,集中了多数水平较高的有经验有学识的教师,使得联大的教师阵容在数量和质量上都比联合以前三校的任何一校强。联大各系的低年级基础课程很大部分由老教师担任,高年级的专门课程也经常可以开设很多种。战时困难的条件下,联大在教学上仍维持了一定的水平。

西南联合大学时期的民主运动

联大在昆明的八年中,在政治生活方面(当然也直接间接影响到其他各方面)约可分为三个阶段,即:1938 年年初至 1941 年年初皖南事变发生前,这是政治上以及各方面都比较活跃的时期;1941 年春至 1944 年春,这是皖南事变后国民党统治区内进一步对人民进步势力进行迫害的时期;1944 年春到 1946 年夏联大结束,这是民主运动、学生运动再度上升和高涨的时期。

联大一部分同学在从长沙迁到昆明的两个多月步行中,已形成了若干集体生活的习惯。到昆明以后,以这一部分同学为基础,在地下共产党的领导下有了"群社"的组织,推动了最初三年联大生动活跃的政治生活和学生生活。当时联大学生经常出壁报(如政论性的《群声》,文艺性的《腊月》《冬青》,画刊《热风》及通俗性街头壁报等等)、开辩论会、讨论会、时事座谈会,组织学习小组(分哲学、经济、中国问题、文艺、诗歌、戏剧、歌咏、木刻以及俄语、世界语讲习班),组织旅行,在农村和街头做抗日宣传工作。这些活动团结了多数同学,并推动他们在政治上趋向进步,并和校内的少数国民党三青团分子进行艰巨的斗争。

国民党军队在抗战中步步败退。1939 年秋天起,远处西南边疆的昆明也经常遭到日本飞机的疯狂轰炸。联大的校舍曾经多次被炸,上课的时间且一度改为上午 7 时至 10 时和下午 3 时至 6 时。

1941 年 1 月,国民党反动派再度掀起了以皖南事变为标志的反共高潮,在整个国民党统治区内加紧对进步人士的残害压迫,公开大批逮捕共产党人和被认为有嫌疑的人士。昆明和联大的政治空气也突然阴沉下来，许多进步同学被迫离开学校出外逃亡，进步的学生团体如群社等被迫解散。有一位同学曾这样描述皖南事变后的联大："从这时起，联大沉默了，壁报没有了，讨论会没有了，一切团体活动都没有了。同学们见面不敢说一句真话，大家敷敷衍衍，彼此都存着戒心，学校像死一般的沉寂。"

在这个沉闷时期，许多人的思想和活力找不到出路，于是，钻书本的风气盛行起来。每晚图书馆开馆前排队抢座位和借书的行列经常长达数十米。抗战的前途怎样？国家和个人的出路何在？这类的问题在书本里是不容易得到回答的。而政治上腐化黑暗和经济上枯竭困窘的现状还是经常刺激着同学们在苦闷中探索、思考。有时也突破一下沉闷的空气，作为一股潜流突然迸发起来，例如1942年年初的"讨孔运动"。

1941年12月太平洋战争爆发。香港许多爱国人士在日军攻占前，无法脱身；而一向以贪污、腐化、反动和愚蠢闻名的国民党行政院院长孔祥熙竟以飞机从香港抢运自己的家属女佣乃至洋狗到重庆；消息传来，引起联大同学普遍的愤慨，数年来对国民党反动统治的不满遂在这个事件上爆发出来。新校舍墙头贴满打倒孔祥熙的大字报。吴晗教授在中国通史班上向同学们提出："南宋亡国前有个蟋蟀宰相（按：蟋蟀宰相是出卖民族利益、颠覆宋朝的贾似道），今天有个飞狗院长，可以先后媲美。"于是，由一年级同学倡议，迅速会合了新校舍的同学上街游行。同学们举起旗帜，沿街用粉笔写声讨孔祥熙的口号标语。联大同学的"讨孔运动"立即得到后方各地人民的同情和响应，有些学校如浙江大学（当时迁到贵州）同学也举行了罢课游行。

进入 1944 年以后，随着德国法西斯在斯大林格勒的溃败，随着民主力量在世界范围内的强大，也随着国民党军队在各个战场上的节节溃退，联大师生终于突破阴沉的政治气压，结束三年来的沉闷生活，重新开始了一系列新的、活跃的和进步的活动。

1944 年的 5 月 4 日，曾经被称为联大学生精神复兴的日子。当时国民党政府通令把 3 月 19 日改为"青年节"，不让青年们在 5 月 4 日纪念这个民主和进步的节日。联大学生鄙视国民党政府的这种反动措施，决定自己来纪念"五四"。5 月 3 日晚，由历史学会（历史系学生的系会组织）召开了"五四青年运动座谈会"，并邀请闻一多等教授出席讲话。到会的同学把南区 10 号大教室里里外外挤得水泄不通，教授和同学在发言中从纪念"五四"联系到当前政治社会的现状。会场情绪高涨，一直开到深夜。这种热烈的座谈会，第一次冲破了三年来郁闷的空气。

5 月 4 日一早，新校舍墙上贴满了纪念"五四"的壁报，晚间又举行了营火会。文艺社举办的"五四与新文艺运动"讲座，因为听众太多，临时改会场，被一部分反动分子叫嚣破坏，延期到 5 月 8 日晚在图书馆前大草坪重开，讲题有：

（1）五四运动的意义与影响

（2）五四前后新旧文学的辩争

（3）新文艺中诗歌的收获

（4）新文艺中散文的收获

（5）新文艺中小说的收获

（6）新文艺与文学遗产

（7）新文艺与西洋文学

（8）新文艺与法国文学

（9）新文艺的前途

连续几天的纪念活动,在联大形成一种节日气氛,并在以后几年每年都举行盛大的"五四周"。联大复原以后,同学们又将这种纪念方式作为一个传统带到北方的三校。

自从1944年的"五四"纪念活动以后,联大的民主运动、学生运动便在中国共产党的领导下一步步更为壮大地向前发展。各种社团从学生自治会、系会、班会以至文艺社、新诗社、剧艺社、阳光美术社、高声唱歌咏队、各体育会等等都起了组织和推动作用,联大墙上的壁报成为同学们讨论时事政治问题和斗争的武器,教育了广大同学乃至校外的学生和市民。座谈会、讨论会也经常举行,对于若干重大的政治问题,联大学生常常站在进步的立场向全国发出宣言。联大的影响很快就扩展到昆明乃至外地的大中学校,几次向反动势力进行斗争的大示威、大游行也总是联合昆明各校一同举行的。

1944年也正是国民党军队从河南、湖北、湖南、广西直至贵州失地数千里大溃退的一年。在联大师生的推动下,这一年的昆明各界"双十节"大会上,通过了要求结束国民党一党专政和蒋介石独裁的宣言。12月初,日军由湘桂深入到贵州独山,大后方的腹地也因蒋军的腐败溃逃而受到震动。以联大学生为基本队伍,10月25日又举行了云南护国起义纪念大会和会后的大游行。这是"讨孔运动"后几年来的第一次大游行,游行群众中喊出了"打倒专制独裁""扩大民主运动"的口号,显示了人民的意志和力量。

1945年以后,联大民主运动、学生运动日益高涨。

在1945年"五四"前夕,国民党中央党部和云南省党部都曾密令昆明各校限制、防范学生举行"五四"庆祝活动,但联大学生以更盛大的"五四周"完全粉碎了反动统治者的密谋。"五四周"活动从4月

30 日的科学晚会开始,华罗庚教授在会上大声疾呼政治必须改革,民主必须实行。5 月 1 日晚的音乐晚会上,青年们用《五月的鲜花》《民主胜利进行曲》《黎明快来》《黄河大合唱》等歌声纪念了自己的节日,唱出了自己的要求。5 月 2 日有诗歌朗诵晚会。5 月 3 日晚是青年运动座谈会,会上除了青年运动历史的报告外,还有许多校内外的同学和工人的热烈发言。5 月 4 日清晨,同学们贴出了数十版的壁报特刊。4 日下午,联大等校学生自治会联合举行五四纪念会,会后举行了大游行。游行中群众高呼:"立即停止一党专政!""组织联合政府!""取消特务组织!"等等口号。5 月 5 日有文艺晚会。此外,在这几日中还有球赛、美术展览、火炬竞走、全校聚餐等等活动。并以联大全体学生名义发出对国是的意见宣言,严正指出当时国民党统治区的情况是:"抗战八年来,国土连年丧失,人民惨遭涂炭;贪污已成泛滥的狂流,特务作为统治的工具;财富集中,通货膨胀,大多数人民不得不陷于饥饿死亡中;统制思想,排除异己,正义的声音被迫归于喑哑;士兵辗转饥寒,接连溃败;外交固执成见,开罪友邦,社会正义全被陵夷,食血者流度其骄奢淫侈的生活,学术文化日趋贫困,顽固分子大肆其复古谬论。"宣言中提出了立即停止国民党一党专政,组织联合政府;立即取消一切特务活动,立即没收发国难财者的财产等六项要求。这个宣言在学生自治会提出草稿后,虽有少数反动分子的阻挠,但经过同学们公开辩论,获得绝大多数系会级会的支持,终于以联大全体两千五百名同学的名义通过发出,表现了联大学生进步、民主和团结的精神。这个宣言也表明了中国共产党在这时提出的政治上的重大方针政策,已经获得联大绝大多数同学的公开和积极的支持响应。

1945 年 8 月,联大师生热烈欢欣地迎接了抗日战争的最后胜利。

学校准备在明年迁返平津，许多经过八年颠沛艰苦生活的师生渴望着重返故土。但是，随着抗战胜利的到来，国民党反动派却正准备着挑起大规模的内战，反人民反民主的反动措施在逐步加紧实施。联大师生和全国人民一样，原期望着在打退日本帝国主义恢复国土之后建设起一个民主、进步、富强的新中国，而今，统治者却倒行逆施，阻挡历史的前进道路，以维持和巩固其独裁统治。这种情况不能不使联大师生由胜利的欢欣转为忧虑以至愤恨，并且密切地注视着形势的发展。

1945 年 10 月初，蒋介石突然以武力迫使云南地方势力龙云下台，实行云南省政府的"改组"。在双方武装冲突下，昆明市内枪弹飞掠，联大师生在饱受惊扰之后，更直接地受到国民党反动派的特务统治。以云南省代主席李宗黄和警备司令关麟征为首的反动统治者，在云南遍布特务，公开反共反人民，甚至以搜捕散兵游勇为名，遍街逮捕青年学生。

1945 年 11 月，国民党反动派在重庆军事会议之后，动员二百万以上的军队开始进行反共反人民的内战。11 月 24 日，联大冬青、文艺、社会科学研究会和南院女同学会等十五个团体决定联名请求学生自治会通电反对内战。自治会决定在 25 日联合云南大学、中法大学和英语专科学校的学生自治会在云大举办反内战的时事晚会。而25 日报上发表了云南省国民党党、政、军联席会议关于"禁止一切集会游行"的反动禁令。四校自治会决定将晚会改在联大校内举行。25 日晚，联大图书馆前的大草坪上，四所大学以及各中学的同学六千人正在开会时，联大校舍被国民党第五军邱清泉部包围戒严，枪弹炮弹在同学们的头顶上往来飞掠，会场的电线也被割断。这种反动的武力迫害只是使同学们反内战的意志更加坚定，晚会在枪林弹雨下仍然照样举行。散会时已是深夜,军警包围戒严新校舍并不许散会群众外出,直到两小时后才得以绕道进城。对此事,云南警备司令竟公然声称:"学生有开会的自由,我也有开枪的自由。"

反动派的这种无理措施激起了同学们的极大愤慨,第二天报纸上中央社发的"昨晚西郊匪警"的诬蔑造谣消息更增加了这种愤慨。26日晨,新校舍墙上立即贴出了许多罢课抗议的大字报。在联大罢课后,昆明三十余所大中学校同学也都立即罢课响应,共同组织了昆明各校罢课联合会,通过了罢课宣言和反内战宣言,要求立即停止内战;反对美国助长中国内战,立即撤退驻华美军;立即结束国民党一党专政,召开政治协商会议,成立联合政府;切实保障人身自由;取消省政府禁止集会游行的非法禁令,等等。

在反动派种种阴谋都告失败以后,11月29日,关麟征、李宗黄、邱清泉等召集的第四次秘密会议上,遂有对学生进行大屠杀的决定。30日,三青团云南团支部宣传科科长周绅,率领许多特务党棍在军校演习投掷手榴弹。12月1日,便发生了死伤数十名师生的"一二·一"惨案。

12月1日上午,国民党、三青团以及警备司令部、军官总队、鸿翔部队(伞兵)的特务党棍成群结队分头攻打昆明各校。在数百名军官总队的特务暴徒攻到新校舍门口时,同学们立即紧闭校门,把桌椅黑板堆集在门内阻塞通路、隔墙和特务们对垒,特务们曾一度攻破大门进到校内,情况非常紧急,但同学们齐声一呼,大家冲上前去把冲进门来的特务完全击退,并且俘获了一名。特务们同时对校门外的联大师生逞凶,将袁复礼教授和同学围住殴打。当特务投掷手榴弹时,在场的南菁中学教师于再被炸身亡。在数小时的战斗中,新校舍同学以奋不顾身的勇敢精神,付出了数十人受伤的代价,保卫住了校舍未受侵入。

另一队特务大致在同一时间,攻向龙翔街联大师范学院,乘同学们正在吃午饭时闯入了院内,师院的同学们立即放下饭碗和特务搏斗,隔墙昆华工校同学们闻讯也越墙过来支援,同学们发起冲锋将特务打退。这时,特务投出了手榴弹,潘琰、李鲁连和昆工同学张华昌被炸殉难。

大群特务的行凶和四烈士的惨死,使同学们在极度悲愤情绪下更坚定了反内战争民主的决心,更扩大和加强了反内战争民主的宣传和组织,誓以行动为四烈士复仇。"一二·一"惨案的消息在全国范围内也引起了各界人民对反动派的痛斥,延安、重庆、成都、上海等地各界开会追悼烈士,声援昆明学生。联大图书馆做了四烈士的灵堂,这里陈列着烈士们的血衣、遗物,挽联、悼词四周墙壁挂不下,扯上几十条长绳,挽联悬挂在长绳上,形成若干条挽联巷道。一天到晚,人流不断。半月之内来灵堂致祭者达到十万多人。我写了一副挽联,挂在山墙的高处:"挟书者族,偶语者诛,驱四万万人民尽效鹦鹉舌、牛马走,转瞬咸阳成灰,千古共笑秦王计;杀身以仁,舍生以义,将一重重悲愤化作狮子吼、杜鹃魂,行看中国再建,日月长昭烈士心。"还有五百多个团体组织了集体分祭,许多人是含着眼泪走进、咬牙切齿走出灵堂的。血淋淋的事实教育了人们,更加认清了反动派的面目。

为了打击反动派的阴谋,同学们在 12 月 16 日晚举行了反内战座谈会,在会上群众情绪高昂,一致通过坚持罢课,会后还举行校内的游行。到了第二天,除了极少数的三青团分子之外,绝大多数同学坚持了罢课。

党所领导的罢课委员会一方面击破了反动派"无条件复课"的阴谋,另一方面考虑到运动必须在取得相当胜利时有条件地复课,以巩固胜利和继续争取中间派的同学和教师。12 月 27 日,在保障人身自由、言论集会自由、赔偿损失等五项条件取得地方政府公开保证后，同学们在罢委会领导下宣布复课。

"一二·一"运动继承和发扬了中国青年学生自"五四"和"一二·九"以来形成的光荣历史传统，推进了当时国内反内战争民主的浪潮，使广大群众认识了国民党政权的反动本质，提高了觉悟。在中国共产党的领导下，运动团结了绝大多数同学，胜利地粉碎了反动派的阴谋。"一二·一"运动也锻炼了同学的战斗力量，丰富了学生运动和群众斗争的经验。经过"一二·一"运动的洗礼，许多同学在日后解放战争时期华北和云南的学生运动中成为积极的骨干力量。

1946 年 5 月 4 日，西南联大在抗战时期的使命完成之后正式结束，联大的同学们按志愿分入北大、清华和南开三校，并开始复员迁返京津。同时在联大校址内，树立了西南联合大学纪念碑。碑文简述了联大八年始末，最后一段说："联合大学初定校歌，其辞始叹南迁流离之苦，中颂师生不屈之壮志，终寄最后胜利之期望，校以今日之成功，历历不爽，若合符契。"

联大的民主运动直接打击了国民党反动派，国民党对联大进步师生恨入骨髓。联大结束，教师与学生纷纷离校，留在昆明的为数很少，又值暑假期间，大、中学校都放假，国民党特务利用这个时机，于 1946 年 7 月 11 日先暗杀了李公朴，又于 15 日暗杀了联大教授闻一多，成为当时震惊中外的"李、闻血案"。李、闻的惨遭毒手，给北京大学师生留下了悲痛的记忆，使北大的师生对国民党反动派更加仇恨。

西南联合大学时期的教学和科学研究活动

长沙临时大学包括三个学校，因而系科的设置比北京大学在北京时多了一个工学院,又多了一个商学系。当时临时大学有下列各系:文科方面有中国文学系、外国语文系、历史社会学系、哲学心理教育学系。理科方面有物理系、化学系、生物学系、算学系、地质地理气象学系。工科方面有土木系、机械系、电机系、化工系。法商科方面有经济系、政治系、法律系、商学系。

学校规模比从前的北京大学扩大了,有些学系是北京大学从前所没有的。从长沙迁校到昆明以后,系科又有所增加,比长沙临时大学时又有扩大,还增加了一个师范学院。共有五个学院二十六个系。三校共同有的系合并后,有教授过多的现象。为了满足教员的教学工作最低授课时数,开设课程很多,甚至有些杂乱。八年来,据不完全统计,西南联大开过的功课(重复的课程不算)共达一千六百门以上。这里面不免有因人设课的地方。

当时教授的生活是十分困苦的。随着国民党军事上的败退和政治上的腐化,国民党的反动本质也更加在广大人民中间暴露出来,官僚资本对人民的搜刮愈益加重。到 1940 年,昆明的物价已在国民党统治区居于首位,并且还不断高涨。依靠薪给收入的工人和公教人员的生活受到极严重的威胁,大部分学生也因营养缺乏而损坏了健康。联大的教师学生已经和广大人民一同成为饥饿线上的挣扎者。通货膨胀和物价上涨的结果使联大教授每月薪金的购买力在一个时期仅合到战前的八元左右,这个数目根本不能维持一家大小最低限度的生活。联大的教授们曾再三向国民党政府提出略增薪金的要求,例如曾联合公开上书希望将大学教授的薪金维持在战前购买力三十元左右,而每次都遭到统治者的拒绝或不理睬。像闻一多教授全家从每天的三顿干饭改为两顿,两顿干饭还不能维持时就只能喝稀饭,菜蔬从白菜豆腐而降为豆渣,全家都需束紧腰带忍受饥饿。许多教授因为躲避轰炸而疏散住在昆明乡间的村镇中,到学校授课每次都要往返步行数十里。即使在如此困难的情况下,多数教师还是认真地坚持了教学工作。

为了改进教学工作,有许多系编制了一些教材和教本,比如中国文学系编印的《国立西南联合大学国文选》曾增订改选重印了好几次,1944年编选的《国立西南联大语体文示范》由作家书屋代为印行,其他学校也有采用的。工学院也编写了几种大学丛书。西南联大创办的《国文月刊》,从1940年起由开明书店发行,成为国内关于国文教学的定期刊物。

西南联大的定期学术报告会也是当时教学活动中的一个特别的方式。比如从1942年起,中文、历史两系共同组织的文史讲演会,约请校内外的专家轮流主讲,共举行了五十余次,其中包括文学、史学、哲学、艺术各方面的问题。此外,新文艺座谈会、诗歌朗诵会,也经常在教授的参加下举行。这种性质的集会,多半和民主革命运动相配合,在广大群众中经常起着宣传、鼓动作用,和上述的文史讲演会一味追寻古代趣味的讲演不同。

关于时事报告(国际、国内政治形势的分析),也是经常举行。这种学术性的报告经常反映两条政治路线的斗争。有些反动教授假借学术报告的幌子替蒋介石的专制独裁吹捧。但是这种讲演越到后来越不受同学的欢迎。也有进步教授通过学术讲演宣传革命的道理,揭露国民党的腐败、无耻、不得人心。这样的讲演经常是听众最感兴趣的。

由于教学设备较差,学校经费又十分困难,西南联大师生在极端艰苦的条件下,克服了许多困难,改进了教学。有的系利用当时的条件,开创了新的教学和研究领域。比如,中文系开设"汉藏语调查"及"汉越语研究"课程就是利用昆明的有利条件开出来的新课程。通过这些课程也培养了一些从事实际调查的语言学人才。又如,地质地理气象学系建不起气象台,教学工作发生困难,他们就利用联大墙外一座旧碉堡,改装后就成了一座简单的气象台了。如理科与工科各系经费不足,仪器不足,多半采取了和企业部门合作的方式解决教学和实习的困难。工学院有些系有附属工厂的,也利用生产的利润来补助教学经费之不足。

当时勤俭、刻苦的精神也很值得回忆。化学系自制泥炉烧木炭以代替煤气炉和电炉。生物系有一次房屋被敌机炸毁,警报解除后,师生从弹坑中挖出仪器,加以整理,仅仅隔了一天,又照常上课了。当时教学和研究条件十分困难,没有多少钱可供使用,反而使得许多师生经常开动脑筋,工作也踏实一些。没有大量的钱买书,因而在研究中,只钻书本、查文献、不肯动手的缺点比起以前和以后的情况来,都要少一些。

比如闻一多研究古代诗歌,他就经常从当时云南兄弟民族的民歌中得到启发;有的教授研究"三礼",也经常从兄弟民族的婚丧大事、风俗习惯中做比较研究。

北京大学研究院文科研究所于1939年恢复招生,法科研究所也于同年恢复。文科研究所设在城内靛花巷,法科研究所设在冈头村。

1942年,文科研究所与中央研究院合作,组织西北考察团,到西北敦煌一带考察。

因抗战初期日本飞机经常轰炸市区,文科研究所由靛花巷迁往昆明东北郊龙泉镇宝台山。1944年,敌机不敢来扰乱,又迁回昆明才盛巷。

为教学和科学研究服务的图书馆,在西南联大时期也是在十分艰苦的条件下工作的。临时大学时期,三校的图书没有运出来。为了教学的需要,临时在长沙收集了一部分。临时大学的中文书约五千册,西文书约一千册。学校迁到昆明,改为西南联合大学以后,陆续增加图书。中文、日文书籍共有三万四千一百册,西文书籍共有一万三千九百册。1940年,英国牛津大学赠书一千四百五十四册。外文期刊,清华、北大合起来近百种。但当时北京图书馆也迁到昆明,他们有外文期刊(包括文、理、工各科)共一千七百多种,对于联大有不少的帮助。在1941年以前,中央研究院历史语言研究所的图书馆设在龙泉镇宝台山,和北京大学也有互相借书的联系,这对于西南联大的教学也有所帮助。

北京大学原来教师共分为四级:教授、副教授、专任讲师、助教。抗日战争后,与清华大学、南开大学合并后,三校行政管理和人事制度完全划一。抗日战争结束后,三校分家,北大仍旧继承西南联大的教师五级制,院系调整后,才又改为四级制。西南联大教师共分五级,这是参照了清华大学的制度而加以改变的。分为:教授、副教授、专任讲师、教员、助教。有些外籍的在中国短期讲课的教授,称为"客座教授"。此外,"研究助教"多半是研究院毕业后,不担任教学工作的职称,地位相当于专任讲师。"半时助教",教学任务相当于助教的一半,可以进修,但工资只有助教的一半。至于各级行政领导,只有三个常务委员是专职,其余各级负责人如总务长、教务长、各院的院长、各系的系主任都是由教授兼任的。这里也可以看出在西南联大时期的"教授治校"的风气。至于训导长是由国民党系统直接委派的,不一定由教授担任。

临时大学和西南联合大学的常务委员会是北京大学校长蒋梦麟、清华大学校长梅贻琦、南开大学校长张伯苓三人组成。1945年,蒋梦麟辞去北京大学校长职,国民党教育部派胡适为北京大学校长,胡适当时在美国。胡适未到校前,由傅斯年代理校长。

抗战时期西南联大散记^①

　　日寇侵占华北,"七七"抗战开始。原在北平的北大、清华和天津的南开大学,奉命迁往湖南长沙,成立"临时大学"。临时大学在长沙住有半年,又奉命迁往云南昆明。临时大学改名为"国立西南联合大学",一直到 1946 年夏,联大宣布结束,北方三所大学分别回到原来的校址办学。短短只有八九年的时间,在中国教育史上它留下了不可磨灭的、光辉的一段历史。

　　西南联大与我国抗日战争相始终。这所大学在颠沛流离中创建,在日寇飞机轰炸的间隙中上课,以极简陋的仪器设备从事研究工作,不但办下来,而且办得有声有色。这个大学短短八九年中为中国革命锻炼了大批革命骨干,为新中国的建设造就了大量的优秀人才。联大师生们的成绩是在半饥半饱的状态下完成的。

　　第一流大学,教学与科研并重,两者相辅相成互相促进。西南联大不但做到了,而且这两方面都处于各个学术领域的前沿。当时选送出国的留学生,到了国外也是尖子。这说明西南联大早已与国外一流大学接轨。

　　1943 年 12 月,林语堂从美国回来应邀在西南联大讲演,题目是《精神文明与物质文明》,他对联大艰苦的师生生活,为之感动,说

---

^①　原载《皓首学术随笔》。

"不得了"。同时对联大师生战胜困难取得的成绩连称"了不得"。

西南联大理工科的成就,早已引起广泛的注意,很多人耳熟能详。像我国"两弹一星"的研制开发群体,联大人占了相当高的比例。诺贝尔奖的获得者杨振宁、李政道,当年青年数学明星陈省身、许宝禄、华罗庚,物理学领域的周培源、吴大猷、赵忠尧,化学领域的曾昭抡、杨石先,植物学领域的汤佩松、吴征镒、戴芳澜,农学领域的俞大绂、娄成后,等等,已为人所共知,不必一一列举。

这里只凭回忆,说说西南联大文科的一些片断往事。

人文胜况

人文科学、社会科学方面,西南联大教师们的成就当年在全国也是领先的。这一点似乎人们注意得不多,现在补充说一说。比如闻一多研究《诗经》《楚辞》,文献考证功力深厚。他后来利用西南地区民族、民俗的活化石,使他的学术造诣开了新生面。

语言学大师罗常培,利用西南地区的特殊条件(云南省就有二十二个少数民族)开辟了少数民族语言新领域,为我国培养了新一代的民族语言研究人才,如马学良、傅懋勣等人都成为国际知名的专家。新中国成立民族语言研究所,这些青年学者成为骨干,为少数民族创制新文字,这批专家成了主力军,我国少数民族学的基本队伍是联大时期培养的。

贺麟创立"西洋哲学编译会",主持西洋哲学名著翻译工作,造就了不少哲学翻译人才。新中国成立后商务印书馆出版的西洋哲学名著系列丛书,主要是西南联大时期的一批青年学者完成的。贺麟还系统地介绍黑格尔哲学,在新中国的一批黑格尔研究者、专家中,贺麟有开山功劳。

金岳霖的《知识论》是他在联大的讲稿,他的哲学著作《论道》是他跑警报时在山坡上构思完成的代表作。汤用彤的《汉魏两晋南北朝佛教史》出版半个多世纪以来,国内外还没有一部著作可以取代它的权威地位。熊十力的《新唯识论》(语体文本)是这一时期完成的。洪谦是向国内学术界介绍维也纳学派的第一人。

钱穆的《国史大纲》出版的扉页上写着"谨以此书献给抗战的百万将士",这部中国通史成为各大学首选的教材。历史系雷海宗讲授中国通史,他上课只带几只粉笔、不带讲义书本,能将历史事件、年代讲授得准确无误。结合他丰富的世界史知识,把中国古代史放在世界历史的大范围内来观察,使学生增加了知识,开拓了眼界。陈寅恪讲"佛典翻译文学"选修课,上课时带了一包袱书,从不翻看,娓娓讲来,令听者忘倦。西南联大不采用当时教育部规定的作为全国通用的政治课《党义》教材,以《伦理学》取代国民党的"党义"课的大学,全国只有西南联大一家。

百家争鸣

百家争鸣成为西南联大的学风。北大中文系教授罗庸讲"唐诗"课,第二年清华中文系教授闻一多也开"唐诗"课。闻一多讲选修课《楚辞》,第二年罗庸也开《楚辞》。两人讲授的风格、内容各异,同学受益很多。沈有鼎为哲学系开《周易》课,听讲只有三五个学生,闻一多也杂坐在学生中听讲。郑昕开"康德哲学"课,数学系教授程毓淮也来听课。陈寅恪讲"佛典翻译文学",中文系、历史系、哲学系的助教、讲师多来听课,本科生反倒不多,遂有"教授的教授"的称号。院址在昆明东南部,联大校本部,文、理、法各科都在昆明市的西北部,联大工学院的学生有的走好几里路到校本部听文科的课。学生中跨系听课现象蔚成风气。一年级国文课,全校文理及工科共同必修,共十来个班,讲课的教师中有李广田、沈从文、余冠英等十来位教师,讲课各有特色。这种气氛也只有西南联大才能见到。

百家争鸣,学术民主,不但在同辈中盛行,师生之间也不乏这种宽容求是的事例。历史系王玉哲在北大历史系读二年级时,对傅斯年研究《齐物论》的作者提出不同意见,在刊上反驳。傅斯年在西南联大担任北大文科研究所所长,招研究生,王玉哲想报考研究生,又怕傅老师对他有芥蒂,后来壮着胆子报考了,并被录取,师生相处得很好。

杨振声指导大学本科四年级学生写论文,这位学生的题目是研究曹禺,迟迟写不出,杨约学生谈话。原来学生的观点与杨先生不尽一致,怕导师通不过。杨振声告诉他,只要认真研究,掌握原始材料,言之成理,持之有故,尽可写成论文,师生完全一个样,学术怎能发展?学术面前,只重证据,不论资格。听说这位青年后来成了中山大学的名教授,并经常以此精神教导下一代。

北大文科研究所一年级青年研究生杨志玖研究元史,看到欧洲一位著名汉学家著文说,"马可·波罗没有到过中国"。杨志玖用过硬的原始材料驳斥了这位国际汉学家。迄今为止,关于马可·波罗在中国的活动,杨志玖的观点在国际上已成定论。

课余学术演讲会

抗战后半段,日本发动太平洋战争,美国派来志愿空军,"飞虎队"驻昆明,经过几次空战,打下来日本飞机多架,日寇飞机不敢再来空袭,上课时间比较正常。中缅公路修通后,昆明成了对外交通的通道。联大有时邀请归国路过的名人讲演,我记得的有顾维钧、焦菊隐、徐悲鸿,美国回来的林语堂,牛津大学的 Daods.,出国作战、在缅甸密支那城全歼日本侵略军的杜聿明,等等。

西南联大学术空气很浓,学术演讲几乎天天都有,有时一天还不只一场,有文艺的,学术的,时事的。还有如诗歌朗诵、音乐欣赏等。活动多在每天晚饭后,星期日则在白天。有不同爱好的同学有选择地自由参加。以上这些都是临时性的,联大师生经常举办的不同社团组织的歌咏、诗朗诵、话剧等也很活跃。师生们物质生活艰苦,精神生活却十分活跃丰富。

徐悲鸿谈画

徐悲鸿先生由欧洲经苏联回国,过昆明,联大学生请他演讲。他结识了不少苏联画家,还在苏联参观苏联红军卫国战争画展。他说苏联卫国战争调动了全国各界的爱国热情,艺术家也充分发挥了积极作用。苏联画展组织者动员了全国有名的不同流派拿出作品参展。大量作品描写的是红军抗击德国纳粹的战争。也有些老画家没有画过红军卫国战争的作品。为了使画展丰富多彩,表明全苏联不同流派一致的团结卫国精神,组织者尽量动员艺术界更多成员参加。

当画展组织邀请这些老画家拿出作品时,一位老画家生气地说:"没有,都给钉木板上了。"(因为当年苏联革命成功后,把不是直接表现革命的绘画作品封闭起来,教堂的宗教故事画用木条钉上谢绝参观,这类极"左"的行为,曾引起一些画家的不满)经画展组织者一再劝说,这位老画家拿出一幅乡村风景画。徐悲鸿在画展会上看了这幅画,题名《绿舞》,一棵大树屹立在田野上,树叶迎风飞舞,生动极了。恰好有几个青年参观者也在欣赏这幅画,问解说员:"这大树和房子很好,画上怎么不见红军啊?"解说员机敏地说:"你不是看见树后这所房子吗? 红军隐蔽在房子后面啊!"

徐悲鸿先生在法国留学期间创作了一幅古代寓言画,画的是明清之际流行于社会上的一首歌谣,"他人骑马我骑驴,中怀怏怏恨不如,回头又见推车汉,心下一时稍舒齐"。大意说,有人看到别人骑马,自己骑驴,心中不平衡,回头看见推车汉子大汗淋漓地推车上坡,心中的不平衡又缓解了好多。这首歌谣在于教人安分知足。每一个人的生活,总是"比上不足,比下有余"。教人安分知足,说不上什么"革命性"。苏联的画家同行们看到这幅《推车图》,他们不懂汉文,却很欣赏画中的推车人两臂肌肉丰满凸起,很有力量,称赞把劳动人民的精神画出来了,要求赠给国家美术馆收藏。徐悲鸿先生欣然答应了。新中国成立后,有一年我去苏联,参观苏联美术馆时曾向有关方面打听徐悲鸿这幅《推车图》是否还在,他们说展品有千百件经常轮换,一时很难查找了。很遗憾没有亲眼看一看徐悲鸿先生的这幅《推车图》。

焦菊隐谈二战时期的英国人民

纳粹德国首先发明飞弹(后译为导弹)V1、V2,用来攻击伦敦,造成居民伤亡,建筑被毁,危及交通,市内道路通行天天改变。当时伦敦一家大百货公司遭到飞机袭击,屋顶炸穿,被开了天窗。公司门口布告:Open as Usual(照常营业)。第二天又被炸了,屋顶的破洞更大了。百货公司又公告:More Open as Usual(更加照常营业)。英国人民巧用 Open 这个双关语,More Open 既表示对敌人的藐视,又体现出伦敦市民遭炸而不气馁的乐观幽默性格。居民生活用水、食物均按定量配给。洗澡规定只能放半盆水,无人监督,市民都能自觉遵守。丘吉尔七十岁生日,配给部多发给半磅茶叶,附言说,为了祝贺您的生日。像丘吉尔这位英国战时最高统帅也并不比一般市民特殊。

经常性的学术讲演

西南联大人文学科专家、大师云集,学术风气活跃。北大文科研究所罗常培教授积极组织了一系列学术报告会。联大许多学术社团组织也经常开展各种学术活动。我听过的学术讲演,现在记得清楚的有汤用彤先生的"言意之辩",后来收入他的《魏晋玄学论稿》。向达先生的"唐代俗讲考",介绍唐代的寺院培养一批善于讲故事的僧人,以讲佛教故事向群众宣传佛教因果报应。长篇故事有连续性,十天半月讲不完。从甲地换到乙地,接着讲,听讲者听得入迷,经常追随讲者也从甲地跟到乙地。冯友兰先生讲"禅宗思想方法",说禅宗的认识论用的是"负的方法",用否定的词句表达要肯定的意义,以非语言的行为表达语言不能表达的意义,"说就是不说"。讲演散会时,天气转凉,冯先生带了一件马褂,穿在身上,冯自言自语地说,"我穿就是不穿"。这部分内容收入了他的《新知言》一章里。贺麟先生讲《知行合一新论》,对王阳明的"知行合一"、孙中山的"知难行易",有所发挥。他认为低层次的"知"和低层次的"行"永远是合一的;高层次的"知"和高层次的"行"也是合一的。他说大学教授运用大脑,是大学教授的"知行合一",舞女运用大腿,是舞女的"知行合一"。主持演讲会的汤用彤先生宣布散会时说:"我们运用大脑完了,也该运用我们的大腿了。"《知行合一新论》收入贺先生的《会通集》。

化工系陈国符先生在德国专攻造纸,他业余常到北大文科研究所图书室翻阅我国道教全书《道藏》,在讲演会上他讲过一次"道藏源流考",这是他探索道教的开始。他这项业余爱好从此一发而不可收,后来逐渐深入,其成就和影响超过了他大学的化工造纸专业。他的道教受到国内外同行的称道。只是他乡音浓重的常熟方言不好懂,喜欢用强调副词"交关",讲一两句,就出现一次"交关"。有一位听众散会后走在路上还喃喃地说:"他的话交关难懂"。

法学院一位教授在昆中北院做世界形势报告,分析德苏不会开战,提出有四条根据,先讲了两条,中间休息二十分钟。恰好这时街上报童叫喊"号外,号外","德苏开战了,德苏开战了"。主讲人颇感尴尬,宣布下半不讲了,提前结束。其实,世界风云变幻莫测,一介书生仅仅根据报刊、文献提供的有限信息资料去做判断,结论有误完全可以理解。后来有关"二战"中,记载德国出兵进攻苏联,连斯大林还判断失误,何况远离实际的东方学者?这位教授照常受到学生们爱戴。

西南联大的学术讲坛,也吸引了外省学者的兴趣。重庆中央大学历史系黎东方教授到昆明讲"三国历史讲座",租用省党部的礼堂,售票讲演,听众踊跃。送给联大历史系教授们一些票。姚从吾、郑天挺等先生都去听过,我也分得一张票。他们为了适应广大听众的趣味,黎东方先生讲历史故事时,经常加进一些噱头。讲三国时期吕布与董卓的矛盾,把《三国演义》的一些情节加以演绎:"吕布充当董卓

的贴身侍从武官,住进相府。吕布就在客厅支了一只行军床,这样与
貂蝉见面的机会多了,随便谈谈三花牌口红的优劣,谈得很投
机……"由于黎东方善于随时加进一些"调料",他的讲演上座率不
错。听说他在重庆的讲座也很受欢迎。我只听过他一次讲三国,在
散会回来的路上,与姚从吾先生随走随聊,认为用这种方式向一般市
民普及历史知识有长处。但这只有黎东方教授有天才能办到,我们
学不了。

剩余的话

办学的目的是培养建国人才。建设国家,首先要爱这个国家,必
须是关心民族命运的爱国者。联大师生有不同的政治立场,有"左"
的,也有"右"的,绝大多数是中间群众。他们的政治立场虽有分歧,
共同的信念是爱国、保卫国家、抵抗外来侵略者、争取民族独立。这
种情况与当时抗战时期的总形势和中华民族的历史使命是一致的。

抗战胜利后,日本投降,西南联大解散。三校分开后,各立门户,
日子过得还不错,总感到似乎还缺少点什么。西南联大的形象长期
留在人们的记忆里,历久弥新。

这些琐事,时隔六十多年,说也说不完,只可作为茶余饭后闲谈
凑凑热闹。愿与关心西南联大的朋友们分享逝去的生动活泼的一段
生活。

沙滩红楼老北大杂忆（之一）^①

——招考新生

　　抗日战争以前北平的大学中，由国家出钱办的大学只有北大、北师大、清华三校，独立的高等专科院校还有北平工学院、医学院、法商学院、女子理学院、农学院、美术学院等。由教会资助出钱办的大学有燕京（基督教）、辅仁（天主教），还有由社会募集基金的私立大学如中国大学（综合性的文科大学）、朝阳大学（法科大学）。这些学校都是教育部认可的、注册的，承认其大学文凭合法，也都培养了一些人才，做出了贡献。

　　当时北大、清华两校的教学方法、治学道路比较接近，又各有特色，都是青年学生报考的首选。两校都有文、理、法三个学院，清华多了一个工学院。两校在社会上的声望也差不多。

　　每年北大、清华招生各自决定，互不通气。这两校后来发现招生日期协调不好，往往两校都招不满名额。因为成绩比较优秀的学生考上北大的也往往能考上清华，同时被录取，只能选择一个学校就读。两校招生发榜时，虽留出几名"备取"名额，但还是出现招生招不满的矛盾。后来两校招生日期定在同时，让它相差一天（一般考试为三天），第一天如果考生自己认为考得不满意，第二天还可以放弃这

---

① 原载《皓首学术随笔》。

个学校考另外一校。这样一改，果然取得了考生及学校双方的满意。北大、清华再也不会发生考取了又不来报到的空额现象。对学生来说，多一个选校的机会，也比较满意。

也有的学校，为了争取选择优等生，提前在北大、清华招生之前，先行招考，抢先录取。先招生，先录取，固然取得选择学生的优先权，但学生考取这些学校后，还是要报考北大和清华，一旦考上就不去这类学校报到，录取的多，报到的少。因此，在报上经常有某某大学第二次招生的广告。经验教训了这类学校，要甘心承认自己学校的二流地位，等北大、清华考生发榜后，自己再招，录取的学生基本都能到校报到，从而保证了招收新生的名额。这些都是早年老皇历了。

新中国成立之初升大学的人数不多，记得有一年招生数比报考人数还多。每年招考，报名者多以万计，遍布全国各省、市、自治区。近来给北京、上海等少数大城市以独立自主招生权。即使这样，还是管辖的地区太宽，报考的学生几十万，还是照顾不过来。"一考定终身"，对考生来说是背水一战，务求必胜。精神压力太大，对健康有害。弄虚作假的年年发生，屡禁屡犯。

"四人帮"被打倒以后，大学招生比从前松动了一些，但多年习惯积重难返，一直由国家统一来操办。这一办法已落后于国家发展的形势。

我们不妨回顾旧社会的大学招生，各高校自己招自己的新生，国家省了心，省了钱。各校为了自身的利益会尽力去办好。考试日期错开，从6月到8月，各校自己选定。各校最清楚自己的学校在教育界的分量和地位，招生日期不必过分提前，时间错开，拉开报考的时间距离，给学生更多选择学校的机会，学生有多次应试的机会。甲校未考上还有乙校，乙校未考上还有丙校……而不必一考定终身。我猜想,这个招生办法学生会欢迎的,只是多花点报名费,多费几张半身照片。作为学生家长,为了子女教育,升上满意的大学,他们不会计较这些的。

有声望的历史长久的学校,有自己的校风、学风,招生考试题目也有自己的特色。青年学生的天赋各有偏长,天赋相近的学生报考和他爱好相近的学校,各校分别招生,各得其所,国家省事,学生得益,家长省心。这种无为而治的好事,何乐而不为?

新生考试作弊的行为,每年招考时有所闻,不是发生在此地就是发生在彼地。试题泄露的事也时有发生,主考的、应考的双方都有违法犯禁现象。记得老北大 20 世纪 30 年代上海考区有一位应试者发现钢笔没有墨水了(当年还没有圆珠笔,只用钢笔和毛笔),这一考场的监考者(课业长,相当于教务主任)是樊际昌教授(北大教育系一位心理学教授)一个人,他离开考场去为考生找墨水,中间离开约有十来分钟。这中间,考生在无人监视的情况下,秩序井然,大家埋头答卷,并未发现有违规现象。樊际昌回来后,对大家谈起这件意外的遭遇,很赞赏考生们的自律、自觉精神。这种社会的共信精神,反映了当年报考青年的品格。

我们多年来对青年的政治教育,讲得比较多,重点放在教育青年热爱社会主义、拥护中国共产党的领导,对学生如何做人、如何讲诚信的教育讲得很少。看来光讲世界观,忽视人生观、价值观是不够的。这与当前招生没有直接关系,说着说着就跑了题,就此打住。

我心中的西南联大[①]

　　今年 11 月 1 日,是西南联大建校七十周年。联大北京校友会汇集师长、同学及与西南联大有密切联系者撰写的一百一十多篇文章,编成《我心中的西南联大》一书,从各个侧面记叙西南联大的爱国主义精神、民主科学传统、学术自由风气、大师如云盛况以及异彩纷呈的业余文化生活,等等,内容翔实,生动感人。这可以使更多人了解联大、认识联大,我认为是很有意义的。

　　西南联大成立之初,只是为了把大学教育的长明灯持续下来,保持我国的学术文化不中断。北大、清华、南开三校在长沙合并为一校时称"临时大学",迁昆明后正式定名称为"国立西南联合大学"。三校各推一人为常委:蒋梦麟(北大校长)、梅贻琦(清华校长)、张伯苓(南开校长)。三校常委集体负责领导。蒋梦麟、张伯苓常驻重庆,常委长期主持人是梅贻琦校长。

　　西南联大值得怀念的是它的自由宽容、博大深宏的学风。团结师生的凝聚力是爱国主义。联大教授重创新,都以讲自己的教材为荣,讲现成的教科书为不光彩。这也是其他大学罕见的。

　　联大抓体育抓得很紧,功课都及格、体育不及格不能毕业。联大还规定,文科学生必选一门自然科学,理科学生必选一门人文科学,

---

　　①　原载《人民日报》2007 年 11 月 23 日。

目的在于培养通识人才。

入学第一年，英文、国文（语文）都是重点必修课，必须学好，这两门不及格不能升级。一年级语文课教师，记得有余冠英、李广田、沈从文等十来位。英语教师有王佐良、李赋宁、叶桎、查良铮等十来位。这些教大一英文、国文的教员，后来都成了知名的诗人、专家、学者。

1943年，中国也派遣远征军出征缅甸，与美英联军共同作战。中国军队需要大量翻译到美英军中当译员（上尉军衔）。时值寒假（只差半年毕业），西南联大号召全校四年级男生都去当翻译，体检合格后培训一个月，即上岗。可见西南联大学生英文基础比较扎实，文、理、法、工各科学生都能胜任。

平时学生考试，不必按照教师的讲义来答卷，意见与教师相反，只要有根据，也可以拿高分。记得经济系陈岱孙教授开"财政学"，这是一门既有理论又要联系实际的课程。经济系的同学说，有一年考试题目是"假若我当财政部长"。西南联大之所以人才辈出，既有个人的努力，也与鼓励创新的学风有关。

西南联大办校正值战争年代，有一半的日子天天躲避日寇飞机轰炸，物价飞涨。师生在半饥半饱状况下，却为中华民族培养了一大批人才。自1938年至1946年，先后在联大毕业的本科生（包括持北大、清华、南开学籍的）总计有三千七百余人。这些毕业生在当时以及新中国成立后都发挥了积极作用。凡是到过西南联大的中外学者，都认为西南联大创造了办大学的奇迹。

所谓奇迹，无非是对稀见事物的一种称谓。奇迹出现，绝非偶然。魏晋哲学家王弼说过，"物无妄然，必由其理"。

西南联大没有什么独特之处，其实就是原来北大、清华、南开三校奉行多年、行之有效的方针，就是"海纳百川，心系天下（爱国主义），百家争鸣，不断创新"，也就是"五四"精神在教育方面的具体化。由于民国期间长期军阀混战、政治混乱，只有教育界几所有水平的大学保持着"五四"以来的"科学与民主"这一小块净土。北大、清华、南开等校按照教育规律办学，办学方针实事求是，教学方式百家争鸣，不强求纳入一个模式。讲同一课程，如"唐诗"，闻一多与罗庸两人观点不同。古文字学，唐兰与陈梦家观点不同。同一课程，同一教授，今年与去年不同。教授之间互相听课，师生之间可以互相保留不同的学术观点。撰写论文，学生可以不同意导师的见解，只要持之有故，有充实的根据，教师就会通过他的论文。

联大不提倡读死书，同学们都十分关心国家大事。当时的头等大事是支持抗战。

联大在科研工作中从不抱残守缺，在战时与海外大学交流十分困难的条件下，师生们密切关注国际学术前沿各领域。有人回国带回一本新书（江泽涵教授的一本《拓扑学》），当时尚不具备复印条件，教授们曾辗转手抄。

我在西南联大先当学生，后来又当教师。我是北大文科研究所的第一批研究生（一共招过两届，我是第一届）。研究生与北大几位导师教授同住在一个宿舍（靛花巷），又在同一个餐厅开伙食，因为房间小，分在两处用餐。师生们朝夕相处，谈学问，谈生活，议论政治，也随时讲些历史掌故，关系十分融洽。师生之间经常交流，有学术的，有思想的，这有点像古代的书院。北大文科研究所正所长是傅斯年，副所长是郑天挺，罗常培戏称郑天挺先生为"山长"（古代书院的导师及主持人）。

我们同住的导师有罗常培、郑天挺、陈寅恪、汤用彤、姚从吾几位。

第一批研究生中,后来知名的有王玉哲(南开大学)、杨志玖(南开大学)、阴法鲁(北京大学)、周法高(台湾,院士)、逯钦立(东北师大)等。

清华大学的研究生有王瑶、冯契、季镇淮、王浩等。南开设经济研究所于重庆,其研究生的情况我不熟悉。

如问西南联大何以能创造奇迹,可以明确回答,这奇迹来自1919年"五四"爱国运动,西南联大关心天下大事(外抗日寇,内争民主),实事求是的科学精神,尊重别人的民主传统,使"五四"的火炬在联大师生手中传承下来。当时云南地方政府对重庆的干预有所抵制,这种环境也增大了西南联大民主运动空间。当年的西南联大师生人人关心国家命运,抗战必胜、日寇必败成为联大师生的共识。

西南联大虽早已结束,但联大精神是常青的。

尼泊尔友好访问记[①]

今年二月十四日到二月二十五日,我们应尼中友好协会的邀请,到尼泊尔访问。时间虽然只有十一天,留给我们的印象却是极为深刻的。

尼泊尔对于我们研究佛教史的人来说,并不是陌生的,她是佛教创始人释迦牟尼的故乡。人们习惯地把释迦牟尼当作印度人,这是一个误解,可能是由于释迦牟尼当年活动的地区在印度而引起的。其实,他传教的踪迹不限于印度,今天的巴基斯坦也有他的不少遗迹。

远在东晋时期,我国求法僧人法显曾走印度,他也曾到尼泊尔朝拜过佛的诞生地。以后唐朝著名的僧人玄奘也到过这里。以后,还有不少去印度求法的僧人到过这里。尼泊尔高僧觉贤(佛陀跋陀罗)也曾到过中国,并与法显等人合作翻译过佛经《僧祇律》,与慧义、慧严等译出《华严经》等。这是中尼友好往来的最早的正式文字记载。

一千多年来,两国人民的经济、文化往来从未中断。今天我们吃的菠菜,种子据考证就是从尼泊尔传来的。

---

① 原载《文汇报》1964 年 4 月 23 日。

尼泊尔朋友告诉我,"尼"是藏语"羊毛"的意思,泊尔,是藏语"产地"的意思,尼泊尔意思是羊毛产地。我不懂得古代的藏语,这个说法也透露了中尼之间经济、文化的亲密关系。

我们还没有到达加德满都的时候,在飞机上就看到冰雪覆盖着的世界高峰喜马拉雅山。这座雄伟的雪山把中尼两国牢固地连接在一起。最高的珠穆朗玛峰经年为雪雾封锁,山尖就看不大清楚。这也许就是我国藏族同胞所说"三姐"最美丽、最难得被人们窥见的原因吧。飞机快到加德满都时,我们的飞机几乎是擦着山峰飞过的,山顶到山脚到处看得到星罗棋布着的红墙灰顶的农舍,梯田整整齐齐。我们深深敬佩尼泊尔人民的勇敢和勤劳。

飞机一到加德满都机场,我们立刻沉浸在友好的海洋中,山川秀丽,气候温暖,到处是绿草、鲜花。更使人印象深刻的是尼泊尔朋友的真挚的友谊。

尼泊尔朋友对我们说,据神话传说,原来加德满都这一带地方是个大湖,四面是大山。后来,中国文殊菩萨(佛的弟子)到了这里,用宝剑划开了山谷,放出了湖水,才形成加德满都的河谷。从此,这里四季如春,五谷丰收。这个充满友好的传说,又一次表明两国人民的友谊是有深远传统的。神话是美丽的,它是过去友谊的见证。现在,中尼公路正在夜以继日地建设着,它将是联结中尼两国的纽带。中尼公路的修筑,是两国劳动人民用双手开辟成的,比传说中的文殊的"宝剑"所起的作用还要有意义。这条公路今年即可通车。在尼泊尔,马亨德拉国王接见我们时,还提到要尽最大力量把公路修通。将来拉萨和加德满都之间通车后,中尼两国的往来要比现在方便得多了。

尼泊尔的朋友们十之八九都会作诗。起初我们认为也许我们所接触的都是文化名流的缘故。等到和尼泊尔朋友往来多了，才发现事情不是这样。尼泊尔的马亨德拉国王就是一位诗人，他的诗歌有的已译为汉语，并为我国人民所传诵。事实上不但男子、女子都能吟诗，就是十来岁的儿童也能出口成章，娓娓可听。这种情况有点像我国南部兄弟民族地区的"对歌"。有一次我到尼泊尔皇家艺术学院（相当于其他国家的科学院）的院士西蒂恰伦的家里作客。这位诗人是尼泊尔和大理事会的主席，出版的诗集很多，曾到过中国。他拿出郭沫若同志赠给他的一册《百花诗集》给我看。他有八个儿女，有四个不在身边。在身边的几个儿子、女儿都当场念了诗，他的八岁孙子也念了诗。有一天晚上参加文艺晚会，加德满都市的市长也是个诗人。学校的校长、教师更不用说，都能吟咏。有一次我们到外地一个城市巴德岗，在临时组织的一个盛大的群众会上，有些青年、少年们在表演歌舞时，有些歌词也是临时编成的。除了诗，就是歌舞。尼泊尔的朋友们都是能歌善舞的。有些文艺表演会上，有的小演员不过五六岁，也会跳舞，而且跳得节奏分明，从容不迫，舞姿优美。

另一个印象是鲜花多。加德满都四季如春，有点像我国云南昆明的气候，地势比昆明还要低一些。我们刚从冰雪未消的北京来到这个城市，到处有芳草、鲜花，使人印象十分深刻。妇女的服装，也是大红大绿的鲜丽的颜色，和这座美丽的山城的色调也是十分协调的。加德满都美丽的风物、温和的气候，吸引着来自世界各地的游客。但是使我们感到沉醉、留恋不舍的，不仅是秀丽的山川风物，更是朋友们的热情。

在尼泊尔我们会到了不少访问过中国的朋友，他们见了我们这些中国去的客人，就像重逢的亲人一样，问中国的朋友，问中国的建设，问长问短，好像千言万语一时不知从何说起。就是初次见面的朋友,也是一见如故。尽管操着不同的语言,但不感到隔阂、生疏。

我们在尼泊尔停留的短短十一天中,尼泊尔朋友们为我们举行了各种欢迎会、招待会、茶会、宴会、野餐、演讲会和文艺晚会等共二十一次。在尼泊尔王国政府和尼中友协的妥善安排下,我们有机会和官方、民间各界人士见面,进行了广泛的接触。参观了学校、城市、工厂、古代建筑,使我们对尼泊尔的全貌有了深刻的感性认识。我们也介绍了我国经济、文化、教育等事业的新发展的情况,也普遍引起了尼泊尔朋友们的兴趣。

尼中友协会长普尔纳·巴哈杜尔曾不止一次地说,"中国人民有了毛泽东主席的英明领导,在社会主义建设中,取得巨大成就,使全世界感到惊讶,使一切不发达国家受到鼓舞,我们尼泊尔人民对此有特别深刻的印象。"

我们也向尼泊尔人民学习了不少东西。尼泊尔人民是敢于斗争的英雄人民。尼泊尔和中国都曾遭受过帝国主义的侵略,但是英雄的尼泊尔人民在帝国主义面前,没有屈服。在尼泊尔的近代史中,写下了不少英勇反帝的斗争事迹。当鸦片战争时,尼泊尔人民曾站在我们这一边,共同反抗英国的侵略。

尼泊尔有许多精美的古代雕塑艺术和古代建筑。这些艺术作品直到今天还闪耀着劳动人民智慧的光辉。北京白塔寺的白塔,就是元代初年尼泊尔青年工程师阿尼哥设计建造的,这位杰出的工程师在中国安家落户,并为中国培养了一些有才干的工程人员。今天,中尼友好已进入一个新的历史阶段。我们通过这次访问,促进了双方的了解,在传统友谊的基础上增加了新的友谊。尽管中尼两国社会制度不同,但是反对帝国主义和殖民主义的正义斗争把我们两国人民联结在一起,帝国主义百年来给我们经济文化方面造成的遗患，还要努力克服，这就要两国互相帮助，互相支援。我们两国人民的友好往来，是任何人也破坏不了的。因为我们反对帝国主义的事业是正义的，是符合历史发展的需要的。正义的事业是任何人也攻不破的。

《中日文化交流丛书》序①

　　中日双方有长久相互交往的历史,有经济的、政治的和文化的。
经济交往带来的经济效果能立刻见到。政治交往取决于政治形势的
需要,效益不像经济交往那样显著,但它却是经济交往的有效保证。
文化交流有不同的层次:生活文化,代表国家或民族文化的生活特
色,如饮食、服饰、器用等,其特点使人一望而知;生活文化之外,还有
观念文化,它属于文化的精华部分,它反映了伟大国家、民族赖以生
存发展的精神支柱。

　　关于这三方面的交流(经济的、政治的、文化的),中日两国都有
成熟而深刻的经验。经济交流常常是推动双方接触的前导。比如古
代的丝绸之路,就是由中国与欧亚大陆的商人开辟的。由此引出宗
教文化的传播及政治交往。丝绸之路有时不能畅通,不是经济不需
要,而是受到政治的干扰,陷于中断。

　　文化交流在三种交流中的作用是前两者无法取代的。它的作用
在于促进不同文化之间人们的了解,先从生活文化开始,如饮食、服
饰、器用的互相观摩,接着是观念文化的交流,从而促进双方深层次
的了解,吸取彼方所有,补充此方所无。如佛教文化传到中国,经过
吸收、消化、融合,成为中国传统文化的组成部分。

---

① 　原载《任继愈学术文化随笔》。《中日文化交流丛书》,科学出版社,1992 年版。

中国古代文化的某些部分也被日本文化所吸收,成为日本古代文化的组成部分。如日本佛教文化、儒教文化,都带有中国文化的印记。

经济交流的特点在于互通有无,每一次交流都为双方带来实际利益。政治交流是经济、文化交流的保障。

唯有文化交流给交流双方带来的效益长远而深刻,高品位的、健康的文化交流,不但有益于当前,还能造福于后世。凡是正常的交流要以友谊为基础,真正的友谊产生于双方的了解。了解得越深入,友谊越持久。这样基础上开展的经济交流可以平等而互利;政治交流才能互信而稳定。

中日交流,不仅是两国之间的事,做得好,必将促进亚洲的安定繁荣,关系到世界的和平与发展。长久互利在于互补,双方互信在于了解,这都要以文化交流为纽带。

中日文化交流可以有多种渠道、多种方式,可以有多种媒体传递。《中日文化交流丛书》是不可缺少的一种方式。古代,日本佛教、儒教的经典来自中国。唐末五代(9、10 世纪)中国大乱,典籍散亡,佛教天台宗从日本携回部分散佚典籍,重振天台宗,史书上留下了友好的记录。20 世纪初,中日学者交往频繁,中国学人不断到日本访书,搜求散佚在海外、国内缺少的典籍,日本学者也从中国搜集古籍图书。今天北京图书馆善本部所藏的《资福大藏经》就是杨文会居士从日本购求得来的。

前人走过的友谊之路,今天我们接着走下去。《中日文化交流丛书》的刊行,其影响将不限于文化领域,也会给双方的经济发展、政治互信,对亚洲以至世界的安定繁荣发挥积极作用。文化交流以图书资料为先导,古人已有过成功的先例,今天中日两国人民应当比古人做得更好。

文化交流　前景无限[①]

　　文化是社会的产物,社会在不断发展、变化,文化也在不断发展、变化。中华民族有文字可考的历史已有五千年,汉字与汉语也在变化。古代汉语较之现代汉语有显著的变化。在旧文化的基础上创新,从而保证文化的纵向传播,使其健康发展,不致中断。

　　文化的纵向传播有一个基本原则,就是随时增加新的内容,又随时减弱旧的内容。新内容往往通过注解形式(不同时代有不同的注释)发挥原旨,用发挥的意义代替原有的意义。《论语》一书不过一万多字,古今注解《论语》的著作,超过《论语》原书不知多少倍。《易经》最初有图无字,后来关于《易经》的著作达几千种,大部分意义是注释者增加的新内容,新内容越来越多,旧内容越来越被冲淡。中国文化史、世界文化史就是这样演进的。文化有纵向传播和横向交流。纵向传播多在本民族、本地区内[②]。横向交流多在不同地区之间[③]。

　　文化的另一特点是地区间横向交流,不同的地区有它的地区特点,包括该地区的历史、民族、传统习惯、语言等共同因素,这些共同因素使此地区的文化不同于另一地区的文化。以中国而论,南方各省不同于北方各省,东部沿海与西部青藏高原的文化特点也有所不

---

①　原载《中日东方思想研讨会论文集》,上海三联书店,1997 年版。

②　古代华夏民族与现代中国文化多属此类。

③　古代希腊、拉丁文化与现代欧洲英、德、法诸国文化多属此类。

同。欧、美和亚洲不同。同样在欧洲,欧洲大陆与岛国英国又不同。同为亚洲,东南亚与东北亚不同,中国和日本也各有明显的特点。不承认这些差异,就无法开辟今后文化交流的新局面。

横向交流是当前文化交流的主要方式,因为它是与经济交流相伴而来的。经过长期封闭,后来走向现代化的中国和日本,对此感受更加深刻。文化横向交流,可以给双方带来新知识,提供新信息与新的文化观、价值观,以至新的词汇及表达方式。我们使用的工具书,如词典、字典,每经过十年、二十年就要修订一次,原因在于不断增加新内容。

中国三四千年前,周朝建国初期,有南方民族因语言不通,经过九种语言的翻译,才达到交往的目的,古书称"九译来朝"。影响中国传统文化的佛教也是通过大量佛经翻译,增进了中、印两大古国文化的了解。佛教思想传入中国后,经过融合、吸收,后来成为中国传统文化的三大支柱(佛、儒、道)之一。"五四"以后,中国学者大量翻译介绍西方的科技、制度、哲学、文化知识,从而加速了中国走向现代的进程。这里不得不提到中国现代化最早的一批推动者,多为在日本留学的青年学者,由于地域的接近,这批人的数量远远大于欧、美留学生。

文化的横向交流,并不是无原则可循。交流维持正常发展,要遵循双向原则。单向交流,流而不交,将出现一方对一方施加影响,一方为接受者、受影响者或受益或受害,起不到交流的作用。这种现象多出现在文化发达水准不平衡的民族和地区之间,如过去欧、美殖民者对殖民地的文化交流多属此种。

文化交流,不能只看作文化自身的行为,必须伴随着经济交流,才能保持活力,继续发展。文化交流还要有一个和平建设的大环境。

在第一、二次世界大战期间,本来已经正常有序的交流都被迫中断,足以从反面说明文化交流不能孤立于世界总环境之外。

文化的又一特点是它的融摄性,或叫作渗透性。历史记载,18世纪时,英国派特使到中国与清朝皇帝建立联系,当时清朝乾隆皇帝在热河行宫,英国特使马戛尔尼呈交了国书,希望双方建立正式外交关系,遭到拒绝。乾隆皇帝说,中国物产丰富,不缺少外国的产品。就是这个自称不需外国产品的封闭大国,并非像他自称的无所不有。在乾隆时期盛行的小说《红楼梦》中,可以看到很多进口的洋货,有西洋钟表、玻璃、洋毡毛呢、洋碗,俄罗斯的毛织品,还有西洋治伤风头痛的药品"依弗那"。这些都说明,文化本身起着交融、渗透的作用,用行政干预可以使其延缓,而不能使其不发生关系、不起作用。19世纪,特别是鸦片战争以后,中国封闭的大门被打开,这种交往势如潮涌,无法改变。既然不可逆转,是主动迎接这种文化,还是被动勉强接受这种交流,曾引发了中国政治改革家的辩论和思考。主动接受文化交流,可以根据中国的需要,有选择地进行吸收,这种观点后来占了上风。百多年来,中国对外文化交流正是走着这样一条道路。

我们试回溯中、日两国历史发展,可以看出,从文化交流中能够得到社会效益。中国历史上最值得称道的首推汉、唐两朝,汉、唐两朝的繁荣昌盛得益于对外交流。汉朝开通了丝绸之路,打通了欧、亚大陆;唐朝于陆上丝绸之路以外,还开辟了海上丝绸之路。从东南沿海经东南亚,直至地中海。中、日两国的交往可以上推到汉朝,正式的更广泛的交往是在唐朝,海上交通成为日本遣唐使的主要通道。如果把视野放远一点,全世界之所以有今天的文明,也是靠了文化交流。

文化交流不外乎两个方面,一是生活文化的交流,二是观念文化的交流。生活文化,属于饮食、服装、器用等生活表层,双方接触后,只要对生活方便,比较容易接受,比如服饰、用具;至于观念文化,则不像生活文化那样容易被识别。它是一个地区或一个民族的精神面貌所系。它表现为文学、哲学、伦理观、价值观。它表现在思想深处,不是一眼就看得透的。哲学属于文化的精华部分,更不容易被具有另外观念文化的民族所理解。双方发生交流比较困难。而这一部分文化恰恰是一个民族(或国家)的精神支柱。比如,东方人与西方人打交道,如不了解西方人的宗教、哲学、文化,就难以了解西方社会;西方人不了解东方人的宗教、哲学与文学,也难以了解东方社会。认识中国传统文化,首先看到的是万里长城、北京故宫及考古发现的秦兵马俑,但是这些远远不够。如果不了解中国传统文化的三大支柱——儒、释、道三教,也就很难正确地认识中华民族的性格。

观念文化潜存于生活深层,难于一眼看穿,不容易理解。名词可以翻译,而理解不尽一致。像近年来中国与西方国家有关"人权""民主"的争论,就是在不同的文化背景下引发的。

我们今天比两百多年前、比乾隆皇帝时期的人看问题更清楚,并不是我们比前人聪明多少,而是继承了前人的文化遗产、从他们的出发点继续前进的结果。"前事不忘,后事之师"这一规律的总结,是用成功和失败的实践换来的,值得珍视。

每一个对人类有过光辉贡献的民族,回顾自己走过的道路,会发现其发展、进步有时快些,有时慢些,有时停滞甚至后退;但算总账,还是发展了、前进了。前进的速度很不均衡。以中国为例,从秦、汉建立统一王朝算起,两千年间,有三次大飞跃。第一次飞跃在汉代,公元前1至2世纪;第二次飞跃在唐朝,在6至7世纪;第三次飞跃在19世纪中期。这三次大飞跃中、日两大民族都是参加者。

第一次飞跃由于开通了丝绸之路,这时中、日之间也开始交往(考古及古文献均有记载)。第二次飞跃在隋、唐,陆上丝绸之路以外,又开通了海上丝绸之路,中国与世界交往更多,中、日两国有了空前密切的交往,交往的内容也丰富多样。第三次在19世纪中期,中国被迫从封闭走向开放。这时日本也走向世界,从此各国先后成为地球村的成员。这三次大的飞跃,都促进了中、日两国历史的前进,推动文化、科技进步,丰富人类文化宝库。由于各国条件不同,国有大小强弱,中间发生两次世界大战,给世界带来了灾难,两次世界大战都发生在20世纪。

这三次飞跃对中、日两国的影响一次比一次强烈。中、日两国都得到了空前的发展,走过了过去几百年才能走完的路程。虽然付出了代价,但总的看来,是发展了、前进了。这种前进、发展是不可逆转的。这种发展得力于交流。交流,扩展了人们的视野,为更好地创造未来打下了基础。

中、日两国又有所不同,差别在于对待交流的态度。特别是第三次大飞跃。19世纪中期以后,日本知识界有识之士采取积极、主动的态度以迎接世界文化交流,中国知识界及上层人士采取消极、抗拒的态度。这种差异,产生了后来不同的结局。

古代的交流是不自觉的,我们现代人是自觉地进行着交流。首先是经济交流。它来自生活需要,通过交流,给双方带来实际利益。像古代丝绸之路,商人们甘冒风沙饥寒,克服艰难险阻,换来实际的利益。通过经济交流,带动了文化交流,中、日两国的佛教信仰是随着胡商传来的,先到中国内地,再从中国内地经过朝鲜半岛以及海路传到日本。经济交流、文化交流的同时,推动政治交流。经济交流给交流者带来实际利益,文化交流给交流者带来文化效益,这两方面都符合人民的需要。政治交流(包括国家之间的交往)则对经济文化交流起着保障作用。这三者互相协调,使交流得以顺利进行。没有经济交流,则缺少动力,难以持久;没有文化交流,难以使交流深入,不利于扩大其影响。即使双方需要,如果政治不稳定,比如说,遇到战争,也会使经济、文化交流被迫中断。中国的丝绸之路几次中断,并不是双方不需要,而是受战争影响。可见,经济、文化、政治这三者关系密切,不能割裂。

经济交流、文化交流、政治交流,从过去的历史看,要维持其正常发展,有几个原则:

(一)双方共同受益(经济交流的基础);

(二)双方特长互补(文化交流的基础);

(三)双方平等自愿(政治交流的基础)。

20 世纪开始,每个国家都是全世界的成员,大家共同住在地球村,更要自觉地认识交流的实际需要,遵循交流原则,因为交流是时代潮流。

中、日两大民族有传统的成功交流的光荣历史,也经历短期的隔阂。我们作为文化交流的使者,有责任担负起历史赋予的使命,总结过去成功的经验,避免过去走过的弯路,遵循上述原则(共同受益、特长互补、平等自愿),放眼未来,结束多灾多难的 20 世纪,迎接光明坦荡的 21 世纪,为中、日人民造福,为东亚人民造福,为全世界人类文明造福。

系统介绍中国文化与世界游客①

　　人类开始脱离动物界,不断前进,能有今天,关键在于交流。自从人类发明用火,制造工具,其智慧来自互相启发和交流。社会进一步发展,有了文字,扩大了交流范围,延长了交流时限,交流范围不局限于耳目视听。从此克服了文化交流所受到的时间、空间的限制。

　　五台山这个历史名胜集中的宝山,它特殊的文化地位,使它成为中外文化交流的重要窗口。它有资格向世界介绍中华五千年优秀传统文化。近二十年来,全国经济建设和文化建设有了飞跃的发展,山西省和全国一样,经济繁荣,人才辈出。《五台山文化丛书》的问世,就是三晋人杰地灵的明证。

　　20世纪的后五十年,中国成为国际社会的重要成员,引起全世界的瞩目。了解中国的现在和历史,首先从了解中国文化入手。人们可以从莎士比亚的剧作了解英国文化和英国民族性格,在牛顿的物理学中却难以追踪英国民族文化特色。明朝汤显祖的作品体现着中国文化,从李时珍的《本草纲目》却难以看出明朝的民族文化性格。

　　山西省出版的《五台山文化丛书》从不同的侧面向游客介绍中华民族文化。来五台山的游客,不只领略壮丽的山川、瑰玮的文物建筑、淳厚的风土人情,还可以从中品味到五台山文化气质,从而得到

---

　　① 据《竹影集》。原为《五台山文化丛书》(山西人民出版社,2000年版)总序。

赏心悦目的精神享受。如有兴趣，还可以把有关学术著作带回去细细涵咏。未到过五台山的读者，手头有这样一套丛书，可以增见闻，颐性情，收到卧游五台的效应。

21 世纪，国际交往比过去更加频繁，中国要深入地了解全世界，全世界也要真实地了解中国。《五台山文化丛书》为此愿尽绵薄之力。

我的书斋①

顾名思义,书斋应当是读书的地方。古人为了表明自己的爱好、追求,以斋名表明自己的志趣。如"潜罩堂""知不足斋"等。在我读高中一年级时,发生了"九一八"事变。后来我在北京大学读了三年书。当时的北大学生习惯于个人单独活动,宿舍里只有几平方米左右的地盘,也往往用布幔隔开,互不来往。我在北大西斋住了几年,也有一个单独活动的小天地。"九一八"以后,日本军阀连年生事,北平成了边城,华北之大,竟放不下一张平静的书桌。西斋那一间宿舍已被日本兵占去,书籍也全部损失。

抗日战争期间,我随学校迁到昆明,开始是当研究生,住集体宿舍,没有自己的书斋。后来留在学校教书,我有了一间书斋,在昆明翠湖边一条小巷子里,住在第三层楼上,面对着西山。在一间斗室里过了七八年——研究所刚成立时,这里住的都是北大文科研究所的师生。这一间房间原是陈寅恪先生的住室。陈先生身体素弱,冬天用纸条把窗户封死。砖木结构的楼房不隔音,难免互相干扰,但大家对陈先生都很尊重,晚上九时以后,他要休息(左右邻居,楼上楼下,

---

① 据《任继愈学术论著自选集》。原载《光明日报》1986 年 12 月 13 日。

研究生的导师如罗常培、郑天挺、姚从吾、汤用彤诸先生都住在这里），大家都不敢高声说笑。有一天，楼下傅斯年、罗常培、郑天挺几位正高谈阔论，陈先生正好在楼上房间，用手杖把楼板捣得咚咚响。傅、罗、郑几位连忙停止了议论，一时变得"四壁悄然"。1941 年后，陈先生赴英国讲学，我也毕业，搬进了陈先生住过的那一间斗室。读书倦了，抬头看看远山，西山的朝晖夕阴，岫云出没，顿觉心情开阔许多。那时生活穷，物价涨，"躲进小楼成一统"，倒也读了不少书。埋头读书，自号书室为"潜斋"。有《潜斋笔记》多卷，"文化大革命"中，毁于火。

侵华日军战败投降，1946 年北大迁回北平原址。这时内战已开始，国民党统治区物价飞涨，民不聊生，北平学生运动风起云涌。我在沙滩红楼有一间住房兼书房，有书也读不下去。这几年间教授中国哲学史及中国佛教哲学，所研究的内容与现实脱节，这个矛盾无力解决，心情比较苦闷，直到 1949 年才好转。1952 年，北京大学由城内迁往城外，我住在中关园，自己又有了一间书斋。有机会系统学习马列主义，眼界比过去开阔了，对社会历史与思想的关系看得比过去清楚多了。新中国成立后，社会上对中国古典经籍不大感兴趣，古籍容易收集。我的书斋藏书比过去充实了。又适逢政治清明，物价稳定，又有马列主义为指导，这十年间对我来说，是个读书及研究的好时机。50 年代末开始，阶级斗争的弦越绷越紧，后来又上山下乡，劳动加运动，知识分子不遑宁处。从干校回来，"文化大革命"十年，全国遭难，书房取消了，我已没有书斋，只好睡在书箱叠成的"床"上。右眼失明，在极困难的情况下，勉强从事写作。

1977 年，国家拨乱反正，我离开住了二十多年的中关园，搬进了城内，又有了一个书斋。在这里，给研究生讲课，与学术界的朋友们讨论问题。和"文化大革命"的十年相比,恍如隔世。《中国哲学发展史》《中国佛教史》《宗教词典》《中华大藏经》这几部集体编写的书,都是在这个书斋里开始的。

　　要做的事还很多,深感力不从心,只好一步一步地前进。在昆明时,书斋为"潜斋",回到北京,50 年代北大的书斋没有名称,通讯地址写作北大中关园宿舍,取其谐音似可称为"中关虚舍",因为一半虚度了。现在又遇到政清人和的好时光,本可以多做些事,以弥补十年动乱失去的时间;偏偏眼疾缠身,遵医嘱,为保持目力,夜间不看书、不写字,这个书斋姑名之为"眼科病房",因近年来不再像从前那样夜以继日地工作,有似病房也。

对我影响最大的书[①]

《居里夫人传》

居里夫人是个普通的人,是普通家庭的普通一员;又是在科学上有光辉成就、对人类做出卓越贡献的人。

科学成就,要有一定的条件,但也不是等待一切条件具备后再干。居里夫人就是一个不等待条件具备,勇于克服困难的科学家。

很多人经受住了失败,经受不住成功;过了艰苦关,过不了荣誉关。居里夫人始终一贯,自强不息。科学成果归属于个人,还是归属于人类?《居里夫人传》明确回答了这个问题——知识分子要把知识奉献给人民。

《呐喊》

鲁迅用严峻的目光、严峻的语言、严峻的要求来剖析中国传统文

---

① 据《任继愈学术论著自选集》,原载《北京日报》1988 年 9 月 16 日。

化。鲁迅对中华民族有深厚的爱,爱之也深,责之也切。今天仍在障碍我们"四化"的一大堆绊脚石,《呐喊》的时代起作用,今天还在起作用,更加使我们认识到除旧布新的紧迫性。《呐喊》值得再读。

《任继愈学术论著自选集》自序①

这个集子所收文章很杂,这也没有办法,集者杂也,本来是凑集起来的。

研究中国哲学史多年,深感中华民族是个伟大的民族,中华民族创造的文化十分丰厚,让人估不透。像长江大河,挟带着大量泥沙,洪流滚滚,浩渺无际涯。说到它的优点,可以罗列很多;说到它的缺点,也可以罗列很多。它身上这些优点和缺点又经常纠缠得很紧,一时理不清。正因为这样,才引起国内外研究者的兴趣。他们要追问,它的优点是哪里来的?缺点的病因是从哪年种下的?这绝不是一个人的力量能把问题弄清楚的,也许几代人共同努力,才能得到一个可信的结果。

古人说:"敝帚自珍",我对自己发表过的文章并不爱惜,日子隔久了,发表的报刊也记不清。如果没有北京师范学院出版社鲍霁、刘彦成同志的热心督促,这个选集就不会问世。一切向钱看,滔滔者天下皆是也;看重学术,肯出版不赚钱的书的出版社不多,北京师范学院出版社的风格值得表扬。

还要感谢青年同志张新鹰和李申,他们帮我搜集到报刊发表过的文章,感谢杨素香同志帮我抄写、核对。在这里对为此书出版尽心的所有同志表示感谢。

---

① 北京师范学院出版社,1991 年版。

楹　联[①]

北京大学百年校庆：

　　校庆国运同辉　百岁沉浮否转泰
　　教书育人不二　首开风气敢为师

山东大学百年校庆：

　　楩梓参天　储此材隽
　　鲲鹏击水　待我青年

南京曹雪芹纪念馆：

　　驵侩簪缨　穷世间相
　　兴衰涔忽　见造物情

浙江图书馆新馆落成：

　　琅嬛清秘文澜阁
　　澎湃新知浙江潮

---

① 　原载《竹影集》。

首都图书馆新馆落成：

> 学友如云应无虚士
> 书海接天会有玄珠

赠四弟：

> 涵养动中静
> 虚怀有若无

赠学友葛林：

> 青春纵笔冲旧垒
> 白首沉思挹群书

冯友兰师九十寿联：

> 范铸古今理归一贯
> 逍遥囹象寿结三松

烟台蓬莱阁联：

> 晓日腾云海
> 天风下涛声

胡绳赠诗怀昔年北大共话：

> 沙滩银闸忆旧游
> 挥斥古今负壮猷
> 履霜坚冰人未老
> 天风海浪自悠悠

冬日初雪得到胡绳寄来诗集:

初雪纷扬接岁除

灯前喜读故人书

笔底波澜出枣下

逍遥倚杖入槐居